◈ 漢字學習의 革新版 ◈

教養·常識

教養漢字펜글씨

安哲 編

 혜원출판사

머 리 말

　이 冊은 「文敎部에서 選定, 公布한 敎育用 基礎漢字」를 바탕으로 하여 家庭이나 社會生活을 通해서 알아야 하는 모든 漢字를 單元別로 구성하여 용도에 따른 單語를 위주로 하여 흥미있고 알기 쉽게 엮은 것이다.

　漢字는 처음부터 어렵다는 생각에서 외면해 버리지 않게 理解하고 實生活에 活用하여 자연스럽게 漢字語를 익힐 수 있도록 다음의 특징을 살려 엮었습니다.

1　짧은 기간에 能率的이고 효과적으로 漢字를 익힐 수 있게 용도에 따른 漢字語를 정선하여 실었습니다.

2　漢字語마다 뜻(풀이)과 훈(訓)을 정확하게 실어서 먼저 그 어휘의 뜻을 파악하고 응용할 수 있게 하였습니다.

3　펜글씨 보기를 두 자(字)씩으로 묶어 漢字語를 정확하게 理解하고 펜글씨 書体를 익히도록 하였습니다.

4　各 面마다 우리들의 교양 있는 사회 생활을 위해서도 꼭 익혀 두어야 할 名言金言・故事成語를 실어 그 깊은 뜻을 理解하도록 하였습니다.

5　부록에는 略字・俗字, 重要 漢字의 行書, 一字 多音 漢字 모양이 비슷한 漢字, 姓氏 一覽 등을 收錄함으로써 漢字 공부에 편의를 꾀하였습니다.

　　　　　　　　　　　　　　　　　　　　　　　　엮 은 이 씀

目 次

● 附 録

일 러 두 기

펜글씨 熟達의 方法

[1] 펜은 항상 가볍게 잡을 것.

[2] 펜은 正字 50度에서 60度, 行書는 45度 程度로 기울일 것.

[3] 紙面에 손목을 붙이지 않을 것. 굳게 붙이게 되면 손가락 끝만으로서 쓰게 되는 것이 됩니다.

[4] 손가락 끝에 의지하지 말고 손목 위 전체로 쓰는 것 같이 할 것.

[5] 펜글씨는 線만의 것이 되기 쉬우니, 點, 劃에 처음 펜을 닿을 때는 가볍게, 劃의 途中은 펜을 빨리 달리며, 끝은 가볍게 힘을 加하여 멈출 것.

[6] 線과 線의 調和를 갖도록 할 것.

[7] 글자의 中心線에 留意하여, 上下 左右의 균형을 잡고, 가즈런한 線은 平行시킬 것.

[8] 基本 點과 劃을 充分히 練習한 다음 쉬운 글자부터 차차 어려운 글자로 練習할 것.

펜글씨 공부의 요령

★ 펜글씨의 본질

[가] 펜글씨와 붓글씨의 차이점

대체로 말해서, 붓글씨가 족자·병풍·비석 등 취미 본위의 예술적인 글씨인데 비하여, 펜글씨는 가늘고 작기 때문에 편지나 장부 등 실용 본위의 사무적인 글씨라 할 수 있읍니다. 더구나 현대에 와서는 붓글씨보다는 펜글씨 (볼펜글씨 포함)가 더욱 많이 쓰이고 있는 실정입니다.

〔나〕 실용문으로서의 펜글씨

① 단정한 글씨를 써야 합니다.

글씨는 품위있고 단정하게 써야하며, 특히 한 장의 종이에 많은 글씨를 쓸 때에는 글자의 크고 작음이 없이 고르고 반듯하게 써야 하며, 상하 좌우의 간격도 골라야 합니다. 흘림체의 경우도 마찬가지로 글씨 전체의 조화를 이루는 것이 대단히 중요시 되고 있습니다.

특히 공문서나 장부의 글씨는 자기 혼자만이 보는 글씨가 아닌 까닭에 더욱 단정하게 쓸 필요가 있습니다.

② 정확한 글씨를 써야 합니다.

글씨는 남이 보아 잘 알 수 있도록 써야 합니다. 특히 탈자(脫字)나 오자(誤字)를 써서는 안되며, 또한 흘림체를 제멋대로 날려서, 보는 사람으로 하여금 피로감을 주게 하는 것은 금물입니다. 글씨는 언제나 알기 쉽게 바르게 써야 합니다.

③ 빠른 글씨

아무리 글씨가 단정하고 정확하다 할지라도 되도록 속필이 아니면 실용에는 적당치 못합니다.

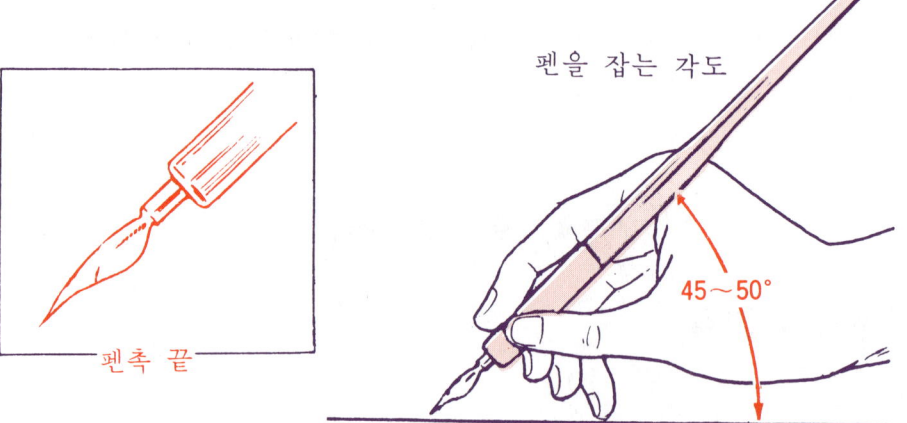

펜촉 끝

펜을 잡는 각도

45~50°

이렇게 볼 때, 펜은 속필하기에 매우 알맞은 구조로 만들었기 때문에 붓처럼 선의 가늘고 굵음을 조절할 필요가 없는 필구(筆具)입니다.

요즘과 같이 모든 일이 스피이드화 되고 있는 세상일수록 글씨도 속필이어야만 시간적으로나 경제적으로 이익이 된다고 할 수 있습니다.

〔다〕 운필(運筆)의 요령

펜은 붓과는 달라 선에 억양(抑揚)이 거의 없으며, 누구나 즉석에서 쓸 수 있는 매우 편리한 필구(筆具)입니다. 그렇다고 해서 펜글씨의 연습이 필요없다고 생각해서는 안되며, 펜글씨에도 약간의 억양은 있어야만 생생하게 약동하는 글씨가 됩니다. 아름답고 생생한 글씨를 쓰기 위해서는 역시 많은 연습과 노력이 필요하다는 것을 잊어서는 안 되겠습니다.

〈정면에서 본 자세〉

〔라〕 요즘의 펜글씨

요즘 흔히 쓰이고 있는 펜글씨를 보면, 백 사람이면 백 사람 모두가 각기 제 멋대로의 글씨체를 쓰고 있는데, 이는 옛날처럼 펜글씨를 학교에서 정규 과목으로 가르치고 있지 않은 때문인 줄로 압니다. 일상 생활에 가장 많이 쓰이고 있는 펜글씨가 어찌하여 이처럼 등한시되고 있는지는 알 수 없지만, 실제에 있어 써야만 하는 것이 펜글씨이며, 이렇게 쓰다가 보니 누가 뭐라고 하든 제 나름대로의 펜글씨를 쓰기 마련인 것입니다.

일일이 그 장단점을 다 들 수는 없지만, 몇 가지 예를 들어보면, 붓글씨의 골법(骨法)을 지나치게 모방한 딱딱한 글씨체가 있는가 하면, 활자체를 닮아 글씨가 네모지게 되는 등, 이루 다 헤아릴 수 없을 정도의 여러가지 글씨체가 무질서하게 쓰이고 있는 것이 현실입니다.

이렇듯 온갖 펜글씨가 씌어지고 있음은 오로지 펜글씨의 독특한 성질과 요령을 충분히 설명한 좋은 책이 적다는 점과, 이로 인한 지도면의 졸렬과 소홀이 펜글씨 향상을 저해하는 또 하나의 원인이 되었다고 보고 있습니다.

모쪼록 좋은 본보기 책에 의한 체계있는 펜글씨를 쓸 수 있도록 각자가 노력해 주기를 비는 마음 간절합니다.

★ 실 기(實技)

○

×

〈옆에서 본 자세〉

〔가〕 펜을 잡는 각도와 팔의 위치

펜을 잡을 때는, 펜대 위에 인지(人指)를 얹고 종이의 면에 대하여 45~60° 정도로 되게 잡는 것이 가장 좋은 자세입니다.

한자(漢字)에는 해서체(楷書体)·행서체(行書体)·초서체(草書体) 등 육체(六体)가 있고, 한글에는 한글 특유의 한글체가 있으며, 이 모두는 각기 그나름의 완급(緩急)의 차가 있으며, 경중의 변화가 있습니다.

정체에 있어서는 한 획 한 점마다 펜이 종이에서 떨어져야 하며, 삐침획에 있어서는 그 운필에 따른 펜의 각도 등 그 변화가 다양합니다. 그러므로, 모든 글씨체를 일정한 경사 각도로 운필하려고 하는 것은 무리한 일입니다.

필자(筆者)의 오랜 경험으로 터득한 요령에 의하면, 정체는 50°의 경사 각도로 쓰는 것이 가장 좋으며, 정체나 잔글씨일수록 각도가 크고, 흘림체나 큰 글씨가 될수록 경사 각도는 50° 이하로 내려가는 것이 좋습니다. 45°의 각도는 손끝에 힘이 들지 않는 각도이며, 평소에 펜글씨를 정확하게 쓰자면, 역시 50~60°의 경사 각도로 펜대를 잡는 것이 가장 알맞는 자세라 할 수 있습니다.

펜을 잡았을 때, 펜대의 방향은 정면에서 보아 45° 우측으로 눕게 됩니다. 이것은 그림에서 보아 알 수 있듯이, 펜을 잡은 팔과 같은 방향입니다. 펜을 잡고 글씨를 쓰면 팔은 자연적으로 이 각도로 유지되며, 이것이 가장 편하게 글씨를 쓸 수 있는 자세입니다. 팔은 운필하기에 따라 가볍게 책상 위에서 움직일 수 있도록 하고, 왼손은 손끝을 모아 가볍게 종이의 아래쪽을 살며시 눌러 줍니다.

[나] 자세와 마음가짐

글씨를 아름답게 쓰려면 자세를 단정하게 가져야 합니다. 윗몸을 펴고 자연스러운 자세를 가지는 동시에, 안정된 마음가짐도 필요합니다. 몸을 너무 구부리거나 고개를 한쪽으로 지나치게 기울이고 글씨를 써서는 몸의 균형이 잡히지 않기 때문에 줄이 비뚤어지기 쉽고, 따라서 글씨의 전체적인 조화도 이루기 어렵습니다.

① 방바닥에 앉아서 쓸 때의 자세

단정히 앉아 하반신에 무게를 주어 등을 펴고 상체를 안정시킨 다음, 배가 책상에 닿을까 말까하게 약간 앞으로 숙여서 쓰는 것이 가장 좋은 자세입니다.

② 의자에 앉아서 쓸 때의 자세

몸이 책상에 닿을까 말까 할 정도로 의자를 앞으로 당기고, 발을 똑바로 앞으로 모아 발바닥을 바닥에 붙이면 자연 편한 자세로 허리가 안정됩니다. 그 외는 ①항과 같은 자세를 가지면 됩니다.

[다] 용구에 대하여

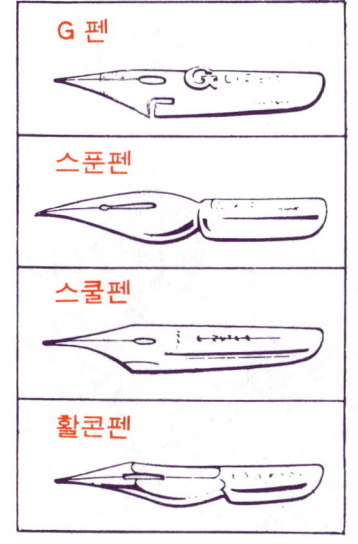

G 펜

스푼펜

스쿨펜

활콘펜

① **펜촉** : 대체로 필기용으로 쓰이는 것은 **G펜, 스푼펜, 스쿨펜, 활콘펜** 등이 있으나 이 중에서도 G펜과 스푼펜이 가장 적합하다고 봅니다. G펜은 끝이 뾰족하여 고급 종이가 아니면 쓰기 힘드나 적당한 탄력성이 있어 연습용으로 알맞으며, 주로 영문 필기에 많이 쓰이고, 스푼펜은 끝이 약간 둥글어 종이에 걸리지 않기 때문에 사무용으로 널리 애용되고 있습니다.

② **잉크** : 잉크는 보통 청색과 적색을 많이 쓰며, 약간 진한 색이 선명하여 보기에 좋습니다.

③ **종이** : 대체로 펜글씨 쓰기에 알맞는 종이는 갱지와 모조지 등이 좋으며, 단단하고 희고 매끄러운 종이면 더욱 좋습니다.

④ **기타** : 펜촉은 쓰고 난 뒤에 해면(海綿)이나 헝겊으로 닦아 두는 것이 좋으며, 잉크 흡수지(吸收紙)는 글씨 위를 똑바로 누르도록 하는 것이 좋습니다.

〔라〕 독습(獨習)의 요령

펜글씨의 연습은 하다가 중단하면 효과가 적습니다. 그러므로 연습은 꾸준히 해야하며, 쓴 글씨는 교본과 비교하여 어디가 어떻게 잘못 되었는가를 자기 스스로 조사하여 붉은 잉크로 표를 하는 것도 한 방법입니다.

이렇게 하여 자기 결점을 스스로 발견하게 되고, 또한 연습에 대한 결과도 확인할 수 있게 되면 자기의 나쁜 버릇이 그때 그때 고쳐지고, 글씨도 놀랄 만큼 진보될 것입니다.

이렇게 펜글씨는 쉽게 독습할 수 있으나, 다만 좋은 교본을 선택한다는 것이 가장 중요한 일입니다.

漢字의 構成

　복잡하고 어려워 보이는 漢字가 어떻게 하여 글자로 이루어졌는가 하는 것이 漢字의 구성 원리인데, 대개 다음 세 가지로 분류할 수 있다.

1 事物을 나타내기 위하여 만들어진 것.

2 둘 이상의 旣成漢字를 合하여 뜻이나 音을 나타낸 것.

3 하나의 旣成漢字의 뜻을 그것과 관계있는 다른 뜻에 맞추어 轉用한 것.

　위의 세 가지 중 〔**1 2**〕는 漢字의 構成法이고, 〔**3**〕은 使用法이다. 예로 부터 이에 관한 名稱은 여섯 가지가 있는데 이를 六書(육서)라고 한다.

六　書

　後漢 安帝 建光 元年(121)에 許愼(95～124)이 「説文解字」를 著述하였는데, 그 書中에서 9,353字의 文字에 對하여 各各 構造上으로 540의 部首에 分類하여 統屬시켰고, 아울러 當時 通用인 隷書에 對한 字義와 構造를 説明하였다.

　그가 文字 構造의 解明에 使用한 原則이 「六書」인데, 그것은 象形·指事·會意·形聲·轉注·假借이다. 그 中 象形·指事·會意·形聲의 넷은 文字 構造에 關한 原則이나, 나머지 轉注·假借는 旣成 文字의 活用上의 原則이다.

1 象形(상형)：物件의 형태를 본따서 만든 繪畫的인 文字를 말한다.
　　⑩「日·月·山·川 따위」.

2 指事(지사)：事物의 位置·數量·性質 따위를 가리키는 것으로, 모양을 갖춘 事物을 나타내는 象形에 대하여 모양을 갖추지 아니한 抽象的인 事物을 나타내는 符號文字를 말한다.　⑩「上·下·一·二·三·十 따위」

③ **會意(회의)** : 象形이나 指事의 原理에 의하여 만들어진 둘 以上의 기성 漢字를 각 글자가 가진 뜻에 의하여 合한 文字를 말한다.
  예 〔信〕「사람의 말은 참되어야 한다는 뜻」.

木 + 木 → 林	日 + 月 → 明
나무목 나무목 수풀림	날 일 달 월 밝을명

亻 + 木 → 休	力 + 口 → 加
사람인 나무목 쉴 휴	힘 력 입 구 더할가

④ **形聲(형성)** : 글자의 일부는 뜻, 다른 일부분은 發音을 나타내는 것으로, 象形이나 指事의 원리에 의하여 만들어진 漢字의 두 글자를 合하여 만든 文字이다.
  예 梅・銅・注・鋼 따위.

河 = { 氵 (물) 뜻 / 可 (가) 소리	味 = { 口 (입) 뜻 / 未 (미) 소리

⑤ **轉注(전주)** : 본디 가진 漢字의 뜻을 그것과 관계있는 다른 뜻에 맞추어 轉用된 文字를 말한다.

樂 = 처음에는 음악이나 악기를 나타냈으나, 음악을 들으면 즐거우므로 '즐겁다'라는 뜻을 붙였다.	非 = 새가 날아 내릴 때 양쪽 날개가 좌우로 어긋나 있는 모양을 나타내어 '어그러지다'의 뜻을 나타내고 거기서 발전하여 '그르다' 또는 부정의 '아니다'란 뜻도 나타낸다.

⑥ **假借(가차)** : 알맞은 글자가 없을 때, 漢字의 뜻에는 관계없이 音이 같은 다른 글자를 빌어서 代用하는 文字를 일컫는다.

豆 = 본디는 고기(肉)를 담는 그릇의 뜻뿐이었으나, 같은 소리를 가진 '콩'의 뜻으로 쓰였다.	長 = 본래 '길다'는 뜻인데 가차해서 '어른'이라는 뜻으로도 쓰인다.

漢字의 六書体

漢字에는 여러 가지 글씨 쓰는 方法(書体)이 있는데 전서(篆書)・예서(隸書)・해서(楷書)・행서(行書)・초서(草書)들이 그것이다. 이 중 우리 日常 生活에서 가장 必要한 것이 해서(楷書)이며, 다음이 행서(行書)일 것이다.

구분	古文 고문	篆書 전서	隸書 예서	楷書 해서	行書 행서	草書 초서
上下	二 二	上 下	上 下	上 下	上 下	上 下
日月	⊙ D	日 月	日 月	日 月	日 月	日 月

◆ 漢字의 結構는 대체로 다음과 같은 여덟 가지로 나눌 수 있다.

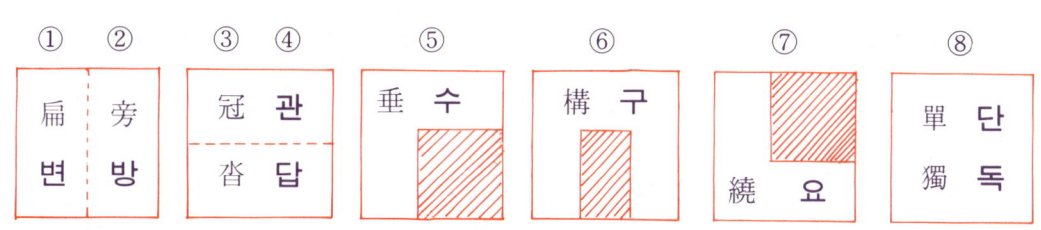

① ②	③ ④	⑤	⑥	⑦	⑧
扁 변 旁 방	冠 관 沓 답	垂 수	構 구	繞 요	單 단 獨 독

扁	작은 扁은 위로 붙인다.	鳴	吹	規	場	球
	다음과 같은 변은 길게 쓰고, 오른쪽을 가지런히 하며, 몸(旁)에 양보하여 쓴다.	妹	煙	禮	複	終
		館	糧	語	鍾	梅
旁	몸(旁)은 변에 닿지 않도록 한다.	設	教	伏	歡	鷗
冠	위를 길게 해야 될 머리.	草	箱	옆으로 넓게 해야 될 머리. 安	雲
沓	받침 구실을 하는 글자는 납작하게 하여 안정 되도록 쓴다.	然	孟	炎	書	驚
垂	윗몸을 왼편으로 삐치는 글자는 아랫 부분을 조금 오른쪽으로 내어 쓴다.	原	病	廣	履	歷
構	바깥과 안으로 된 글자는 바깥의 품을 넉넉하게 하고 안에 들어가는 부분의 공간을 알맞게 분할하여 주위에 닿지 않도록 쓴다.	因	固	圓	園	圖
		周	間	聞	鬪	向
繞	走 ② 는 먼저 쓰고	辶① 辶① 는 나중에 쓰며, 대략 네모가 되도록 쓴다.				越

(1)　**分間** (분간) : 같은 방향의 획이 여러 개 중복되는 글자는 간격을 고르게 해야 한다.

(2)　**減勾** (감구) : 갈퀴가 중복되는 글자는 그 중 하나 또는 전부를 생략한다.

(3)　**減捺** (감날) : 파임이 중복되는 글자는 그 하나를 점으로 변화시킨다.

(4)　**中心** (중심) : 어느 글자이고 중심이 중요하지만 특히 다음과 같은 모양의 글자는 중심에 유의해야 한다.

(5)　**槪形** (개형) : 대개의 글자는 간단한 기하형으로 묶을 수 있으므로, 그 모양에 맞추어 쓴다.

分間	圭	書	川	多
減勾	林	禁	比	精
減捺	炎	食	双	養
中心	常	業	参	姿

三	첫획은 위로 치켜지게, 둘째 획은 바르게, 셋째 획은 아래로 휘어지게 쓴다.	文	셋째와 넷째의 두 획으로 글자의 중심을 잡아 안정시킨다.
人	첫획은 너무 휘어지지 않게 삐친다. 삐치는 각도는 대략 45° 정도로 한다.	成	ノ획과 乁획이 잘 호응해야 한다. 주획(乁)의 힘을 연습하여야 한다.
大	첫획은 위로 치켜지게 하고, 둘째 획은 세워서 내리 긋다가 많이 휘어 삐친다.	曰	가로는 넓게 쓰며, 아래는 약간 좁게 하고, 셋째 획으로 간격을 고르게 한다.
木	첫획은 길지 않게, ○표 부분을 고르게, 좌우 획이 내려오지 않게.	囲	口속의 공간 분할을 잘해야 하며, 주위의 획에 부딪치지 않도록 해야 한다.
水	○표 부분의 간격을 고르게 한다. 좌우 획이 가운데 획보다 길어서는 안 된다.	兄	윗부분과 아랫부분의 크기에 주의하고, 마지막 획의 휨이 모나지 않게.
口	아래를 좁게 하되 속의 잇대임에 주의한다.	其	밑의 八을 윗부분의 중심에 맞추어 안정되도록 당당하게 쓴다.
日	아래가 좁지 않게. 〔日✗〕 둘째 획의 세로는 약간 길게… 〔니。〕	合	속부분을 人의 중심에 맞추어 써야 한다.
句	첫획을 길게 삐쳐서는 안 된다. 품을 크게 하고 속부분은 크게 쓰지 않는다.	究	갓머리(宀)를 넓게 하고 儿 또는 八로 중심을 잡아야 한다.
同	앞뒤 획 서로가 등을 대는 모양으로, 속부분은 반 정도에 위치하도록 쓴다.	参	彡와 같이 삐치는 획이 중복될 때는 방향과 길이를 각기 다르게 한다.
月	배세(背勢)…)(로 써야 하며, 속부분이 아래로 처지지 않게 해야 한다.	茶	풀초머리(艹)의 필순에 유의하고, 밑부분을 머리의 중심에 맞추어 쓴다.

箱	대죽머리 (竹)를 크게 쓴다. 여섯째 획은 안으로 짧게 삐친다.	母	첫째와 둘째 획의 휨에 주의하고, 속부분을 중심에 맞추어야 한다.
雲	비우머리 (雨)는 넓고 납작하게 하고, 아래위 크기를 대등하게 쓴다.	良	㇈을 바로 내리지 말고, 약간 왼편으로 나가 가볍게 위로 삐쳐 올린다.
原	둘째 획을 곧게 내리삐치지 않도록 방향을 잘 잡아 왼쪽으로 삐친다.	食	상하·좌우에 삐치는 획 (파임)이 중복되는 것은 그중 하나를 변화시킨다.
右	쓰는 차례에 주의하고, ノ 획의 길이와 삐치는 방향을 잘 잡아야 한다.	炎	아래위가 같은 모양의 것은 위를 작게, 아래를 크게 쓴다.
左	右와는 첫째와 둘째 획의 순서가 다르며, 右와 반대로 둘째 획을 길게 삐친다.	官	宀(갓머리)를 넓게 하여 아랫 부분을 싸도록 쓴다.
友	乃의 끝부분 삐침을 ノ 수평으로 돌려 주는 것이 중요하다.	登	癶(필발머리)의 필순에 주의하고, 아랫부분은 머리의 중심부와 조화를 이루도록 쓴다.
吏	ノ은 많이 세워 내리긋다가 아주 휘게 하고, 끝획은 다소 세워 긋는다.	竹	같은 모양이 좌우로 나란히 있는 것은 왼쪽을 작게, 오른쪽을 크게 쓴다.
子	㇀을 약간 휘어지게 중심을 바로 잡아 쓴다.	好	전체 모양을 둥글게, 서로가 안는 듯이 써야 한다.
少	ノ을 길게 방향을 바로 잡아 가볍게 삐친다.	味	작은 변 (扁)은 위로 붙여서 쓴다.
馬	윗부분과 아랫부분의 길이를 같게 하며, 획간을 고르게 한다.	江	오른편 부분이 짧거나 작은 글자는 무리하게 키우지 않는다.

數	왼쪽이 크고, 서로 등을 기대고 있는 모양이니 동떨어지지 않도록.	家	삐치는 길이와 방향을 서로 다르게, 宀과 豕의 중심을 잘 맞출것.
地	왼쪽을 작게 하여, 위의 경우와 같은 요령으로 쓴다.	留	아래 위의 크기와 길이를 대등하게 쓴다.
野	위를 고르게, 변(扁)을 작게, 방(旁)을 크게 쓴다.	書	가로획이 많은 글자는 그 간격을 고르게 한다.
朝	밑을 고르게 하며, 방(旁)을 작게 쓴다.	風	둘째 획의 휨에 주의. 속부분이 주위에 닿지 않도록 공간을 분할한다.
忠	받침(心)을 당당하게 쓰고, 心의 점의 위치를 소홀히 하지 말것.	願	양쪽의 크기를 비슷하게 쓴다.
室	宀를 넓게 하고, 아랫부분은 획간을 고르게 쓴다.	警	아래위 두 부분으로 된 글자는 아랫부분이 찌그러지지 않도록 쓴다.
責	目의 아래를 좁지 않도록 하고, 획간을 좁혀 길어지지 않도록 주의해야 한다.	素	상·중·하 세 부분으로 된 글자는 길이를 3등분하는 크기로 나눈다.
足	丿의 방향과 길이, 乀의 각도를 주의히야 한다.	謝	가로로 세 부분으로 된 글자는 좌우 어느 쪽으로도 치우치지 않아야 한다.
遠	첫째 점과 다음 획의 사이를 약간 띄우고, 전체 모양을 □(정각)으로.	樂	윗부분이 지극히 복잡한 글자는 아랫부분이 찌그러지지 않도록 쓴다.
廷	壬을 먼저 쓰고, 받침을 다음에 쓴다. 전체 모양은 위의 경우와 같다.	廳	사방이 고르게 복잡한 글자는 공간 부분의 분할을 알맞게 해야 한다.

筆順의 一般的 原則

❖ 한자의 필순

　　하나의 한자를 쓸 때의 바른 순서를 필순 또는 획순이라 한다. 한자는 바른 순서에 따라 쓸 때, 가장 쓰기 쉬울 뿐 아니라 빨리 쓸 수 있고, 쓴 글자의 모양도 아름다와 진다.

❖ 필순의 기본 원칙

1. 위에서 아래로 위에 있는 점·획이나 부분부터 쓰기 시작하여 차츰 아랫부분으로 써 내려간다.

三 (⁻ ⁼ 三)　工 (⁻ 丁 工)

言 (　亠 亖 亖 言 言)

喜 (⁻ ⼗ 吉 吉 吉 喜 喜)

2. 왼쪽에서 오른쪽으로 왼쪽에 있는 점·획이나 부분부터 쓰기 시작하여 차츰 오른쪽으로 써 나간다.

川 (⼁ 川 川)　州 (⼂ 州 州)

順 (⼁ 川 川 順)

側 (⼅ 側 側 側) 測卿

❖ 필순의 여러 가지

1. 가로획을 먼저 쓰는 경우 가로획과 세로획이 서로 엇갈릴 때에는 보통 가로획을 먼저 긋는다.

　① 가로획→세로획의 순서

十 (⁻ 十) 古 支 草 計

土 (⁻ ⼗ 土) 在 至 去

士 (⁻ ⼗ 士) 吉 志 喜

七 (⁻ 七)　告 (⸜ 告)

木 (⁻ ⼗ 木)

　② 가로획→세로획→세로획의 순서

共 (⁻ ⼗ 丗 共) 散 昔 寒

算 (⸌ 筲 筲 算) 形 弄 弊

無 (⸜ ⼆ 無 無) 世 倫

　③ 가로획→가로획→세로획의 순서

用 (⼌ 月 用) 通 痛

未 (⁼ 丰 未) 末 妹 半

耕 (⸗ 耒 耕) 慧 峯

夫 (⁼ 丰 夫) 春 泰 失

井 (⁼ ⼹ 井) 耕

주의 세로획이 가로획을 꿰뚫지 않는 角, 再 등은 그렇지 않다.

2. 세로획을 먼저 쓰는 경우 가로획과 세로획이 엇갈릴 때, 다음의 경우에 한하여 세로획을 먼저 쓴다.

　① 'ㅣ'의 경우

田 (⼌ 冊 用 田) 苗 異 思 勇

주의 軍, 電, 傳, 里 등은 다르다.

　② 'ㅣㅣ'과 비슷한 경우

由 (⼌ 巾 由 由) 油 笛 宙

曲 (⼌ 曲 曲 曲) 典 體 農

角 (⼌ 甪 角 角) 解

再 (⼌ 丙 丙 再) 構

　③ 'ㅜ'의 경우

王 (⁻ 丁 干 王) 王 主 美

集 (⼎ 隹 隹 集) 進 唯 催

馬 (⼂ 馬 馬 馬) 驗 驛

生 (⸜ 牛 牛 生) 表 星 産

3. 가운데를 먼저 쓴다 글자의 모양이 가운데 부분이 있고 좌우가 대칭일 경우에는 한가운데 획이나 부분을 먼저 쓴다.

小 (⼁ 小 小) 少 京 光

水 (⼁ 기 水) 永 氷 泉

樂 (白 细 ⺈⺈ 樂) 藥 變

承 (了 ⺊ 丞 承) 率 衆

業 (" ⺑ 丵 業) 對

赤 (⼟ 亣 赤 赤) 亦

주의 火, 辯, 問, 學 등은 다르다.

4. 몸은 먼저 쓴다 안을 둘러싸고 있는 바깥 둘레를 '몸'이라고 하는데 몸은 안보다 먼저 쓴다.

國 (冂 同 國 國) 四 圍 圓

同 (冂 冂 同) 周 洞

風 (丿 几 風) 鳳

内 (丨 冂 内) 肉 納

司 (丁 刁 司) 詞 羽

주의 匹, 医, 區, 凶 등은 그렇지 않다.

匹 (一 兀 匹) 凶 (ㄨ 凵 凶)

5. 삐침(丿)은 파임(乀)보다 먼저 쓴다.

① 삐침과 파임이 떨어져 있거나 교차된 경우

父 (⺈ ⺈ 丿 父) 文 又 效

② 삐침과 파임이 붙어 있는 경우

入 (丿 入) 人 全 令 金

6. 꿰뚫는 세로획은 최후에 쓴다.

① 글자 전체를 꿰뚫는 경우

中 (口 中) 申 車 午 患

② 아래쪽이 막힌 경우

書 (聿 畫 書) 盡 妻

③ 위쪽이 막힌 경우

平 (丆 平) 手 爭 午 單

주의 아래 위가 모두 막힌 경우는 다르다.

里 (日 甲 里) 黑 重 僅

7. 꿰뚫는 가로획은 최후에 쓴다.

女 (乆 女) 安 子 字

주의 '世'자는 예외

8. 삐침과 가로획

① 가로획이 길고 삐침이 짧은 경우

右 (丿 ナ 右) 有 布 希

② 가로획이 짧고 삐침이 긴 경우

左 (一 ナ 左) 友 在 存

9. 오른쪽 위의 점은 최후에 쓴다.

成 (厂 成 成 成) 戈 戍 減

◈ 특히 주의해야 할 필순

1. 받침(辶 廴 走) 받침은 먼저 쓰는 경우와 나중에 쓰는 경우가 있다.

① 먼저 쓰는 경우

起 (土 ⺺ 走 起) 題 勉

② 나중에 쓰는 경우

近 (斤 近) 述 連 遠

健 (亻 侓 律 健) 隨

2. '上'의 필순 다음과 같이 두 가지 다 쓰이고 있으나 보통 ⓐ를 원칙으로 한다.

上(占店) $\begin{cases} 丨 \quad 丄 \quad 上 \cdots\cdots ⓐ \\ 一 \quad 丄 \quad 上 \cdots\cdots ⓑ \end{cases}$

주의 止, 正, 足, 走, 武 등은 원래 ⓐ의 필순에 따른다.

3. '必'의 필순 다음과 같이 여러 가지가 있으나 ⓐ로 쓰는 것이 글자의 모양을 잡는 데 유리하다.

必 $\begin{cases} ` \quad ⺍ \quad 必 \quad 必 \quad 必 \quad \cdots\cdots ⓐ \\ 丿 \quad 乂 \quad 必 \quad 必 \quad 必 \quad \cdots\cdots ⓑ \\ ` \quad 心 \quad 心 \quad 心 \quad 必 \quad \cdots\cdots ⓒ \end{cases}$

4. '耳'의 필순 다음 두가지가 다 쓰이나 보통 ⓐ를 쓴다.

耳 $\begin{cases} 一 丁 下 耳 耳 \quad \cdots\cdots ⓐ \\ 一 丆 卄 目 耳 \quad \cdots\cdots ⓑ \end{cases}$

取, 最, 職, 嚴 등의 경우도 같다.

5. '登'의 필순 다음과 같이 여러 가지가 있으나 보통 ⓐ를 쓴다.

登
ⓐ
ⓑ
ⓒ

주의 '祭'자는 다음과 같이 쓴다.

祭(夕 夕 癶 祭)

6. '感'의 필순 보통 ⓐ를 쓴다.

感
ⓐ
ⓑ

7. '馬'의 필순 보통 ⓐ를 쓴다.

馬
ⓐ
ⓑ

8. '興'의 필순 보통 ⓐ를 쓴다.

興
ⓐ
ⓑ

9. '삐침'의 순서 먼저 쓰는 경우 ⓐ와, 뒤에 쓰는 경우 ⓑ가 있다.

九(丿 九)—及 ⓐ

力(フ 力)—刀, 方, 別 ⓑ

❖ 차례를 바꿔 쓰기 쉬운 한자

出 ○ ×
臣 ○ ×
兒 ○ ×
郵 ○ ×
華 ○ ×
肅 ○ ×

豊 ○ ×
關 ○ ×
惡 ○ ×
飛 ○ ×
齊 ○ ×
龜 ○ ×
壞 ○ ×
齒 ○ ×
幽 ○ ×

◇ 漢字를 쓸 때는 반드시 왼쪽(左)에서 오른쪽(右)으로, 그 다음은 위(上)에서 아래(下)로, 대개 가로를 먼저하고, 세로를 나중에 한다.

九	田	成	來	書
上	出	瓜	長	無
女	右	里	片	狀
乃	左	臣	哀	發
方	耳	靑	或	衆
必	羽	門	非	飛
火	州	虎	馬	近
及	臼	唯	承	起

漢字의 部首

　漢字는 主로 字形의 成立에 따라 分類한다. 그 분류된 무리들을 각각 部라고 하며, 그 代表 文字를 部首라고 한다. 이를테면 「糸部」에는 「糸」「系」「素」「紙」「細」「絹」따위와 같이 「糸」字를 바탕으로 해서 이루어진 글자를 모으고, 「糸」를 部首로 삼고 있다.

　마찬가지로 「金部」에는 「金」「銀」「銅」「鐵」「錢」등 「金」字를 기본으로 하는 글자를 모아서 「金」을 部首로 하고 있다.

　部首에 해당하는 漢字가 다른 글자 속에 포함될 때는 대체로 모양이 조금씩 변한다. 이것을 扁·旁이라고 한다.

　「糸」가 왼쪽에 붙을 때는 「糸」모양으로 변하며, 이를 실사변이라 부른다. 「水」가 왼쪽에 붙을 때는 「氵」으로 변하며, 삼수변이라 일컬어진다. 또 「刀」가 오른쪽에 붙을 때는 「刂」가 되며, 칼도방으로 불리어진다. 「실사변」·「삼수변」·「칼도방」등은 「변·방」이 되었을 때의 이름이지, 部首의 이름은 아니다.

　部首와 部속의 漢字는 일반적으로 뜻에 연관이 있다. 이를테면 「糸部」에 속하는 글자는 「糸」에 관계가 있고 「水部」에 속하는 글자는 「水」에 관계가 있다. 그러나 어떤 部에 속하는 글자라해서 모두 部首의 글자의 뜻과 관계가 있는 것은 아니다.

　개중에는 다만 모양이 비슷할 뿐이고 字形의 成立과는 관계가 없는 것이 끼어있는 수도 더러 있다.

重要한 部首와 「扁·旁」의 보기

人部(인부) ; 〔사람과 관계가 있다〕
　　亻; 사람인변의 글자·········· 位·体·信
　　人; 사람인부의 글자·········· 今·令·倉

刀部(도부) ; 〔칼붙이·날붙이 따위와 관계가 있다〕
　　刂; 칼도방의 글자·········· 刊·別·前
　　刀; 도부의 글자·········· 分·切·初

力部(역부) ; 〔힘·일하다 따위와 관계가 있다〕
　　力·加·助·勢

口部(구부) ; 〔입·먹다·마시다 따위와 관계가 있다〕
　　口; 입구변의 글자·········· 味·吸·唱
　　그 밖의 글자·········· 可·合·商

土部(토부) ; 〔흙·지형 따위와 관계가 있다〕
　　土; 흙토변의 글자·········· 地·場·坪
　　그 밖의 글자·········· 型·基·在

心部(심부) ; 〔사람의 마음과 관계가 있다〕
　　忄; 심방변의 글자·········· 快·性·惰
　　그 밖의 글자·········· 必·志·愛

手部(수부) ; 〔손이나 손으로하는 일과 관계가 있다〕
　　扌; 손수변의 글자·········· 打·投·持
　　그 밖의 글자·········· 手·才·承

水部(수부) ; 〔물·강·액채 따위와 관계가 있다〕
　　氵; 물수변의 글자·········· 河·江·池
　　그 밖의 글자·········· 水·永·泉

火部(화부) ; 〔불·빛·열과 관계가 있다〕
　　火; 불화변의 글자·········· 燈·燒·燃
　　灬; 의 글자·········· 照·熱·無
　　그 밖의 글자·········· 火·灰·災

糸部(사부) ; 〔실·천 따위와 관계가 있다〕
　　糸; 실사변의 글자·········· 紙·細·絹
　　그 밖의 글자·········· 糸·系·素

艸部(초부) ; 〔식물과 관계가 있다〕
　　艹; 초두밑의 글자·········· 花·草·葉

雨部(우부) ; 〔기상과 관계가 있다〕
　　雨; 비우부의 글자·········· 雲·雪·電

※ 옥편(玉篇)을 찾는 방법은 먼저, 기본글자가 무슨 部首인가를 알아낸 다음, 옥편 표지에 붙은 部首索引에서 그 部首가 몇 획인가를 세어 部首를 찾고, 그 部首가 해당되는 페이지를 찾아, 나머지 字劃을 세어 그 劃數에 따라 찾으면 된다.

　또한 總劃索引이나 음훈 색인에서 면수를 찾는 방법도 있다.

國家	主權	國土	國民	國歌	國花
국　가	주　권	국　토	국　민	국　가	국　화
일정한 땅을 가지고, 거기에 사는 사람들에 대하여 배타적인 지배를 행하는 통치 단체. 통치권·영토·국민의 3요소로써 성립됨. 나라.	①대외적으로 나라를 구성하는 요소인 가장 높은 독립을 주장하는 권리. ② 대내적으로는 국가 정치 형태를 최종적으로 결정하는 권력.	① 나라의 영토. ② 자기 주권이 미치는 나라의 땅. ③ 국민이 살 수 있는 땅. ④ 한 나라를 구성하는 3대 요소의 하나.	① 한 나라의 통치 아래에 그 나라의 국적을 가지고 있는 인민. ②한 국가의 백성. ③ 한 법률 아래서 납세·국방·교육·근로의 의무와 권리를 가지는 인민.	나라의 이상과 국민의 정신을 나타내어 국민이 부르도록 지은 노래. ※ 국가 의식 때 봉창하는 노래.	그 나라의 상징으로 삼는, 가장 사랑하고 중하게 여기는 꽃. ※ 우리 나라의 국화는 무궁화. 그 나라의 국민성을 잘 나타내는 꽃.

國	家	主	權	國	土	國	民	國	歌	國	花
나라 국	집 가	주인 주	권세 권	나라 국	흙(땅) 토	나라 국	백성 민	나라 국	노래 가	나라 국	꽃 화

國	家	主	權	國	土	國	民	國	歌	國	花

名言金言 (명언금언)	◇ 우리들이 인생은 무엇인가를 알기 전에 인생은 반이 지나가 버린다. 〈G. 허어버어트〉
故事成語 (고사성어)	조삼모사 朝三暮四	① 눈 앞에 당장 나타나는 차별만을 알고 그 결과가 같음을 모름의 비유. ② 간사한 꾀로 사람을 속여 희롱함을 이르는 말. ㉗조삼(朝三).

領土	領空	領海	僑胞	同胞	大使
영 토	영 공	영 해	교 포	동 포	대 사
① 토지로 성립되는 국가의 영역. 곧 한 나라의 통치권이 미치는 지역. ② 그 나라의 주권이 미치는 땅과 둘레의 섬.	영토와 영해의 위쪽의 공간으로, 그 나라의 주권이 미치는 범위. 곧 영공 침해도 영토 침범과 동일시한다.	① 그 연안국의 통치권 아래에 있는 바다. ② 바다에 미치는 국가의 영역. ※ 주권설과 관할권설. 범위는 3마일·12마일 등이 있음.	① 외국에 가서 사는 동포. ② 해외에 사는 같은 핏줄의 배달 민족. ③ 한 겨레.	① 형제. ② 한 겨레. ③ 한 국민. ④ 같은 핏줄의 배달 민족. ※ 언어·풍속·의식주 형태가 같음.	국가를 대표한 외교 사절의 제일 계급. ※ 대사관(大使館). 대사는 특명 전권 대사의 약칭. 임무는 외교·조약·통상·교민·국제 사정 조사·대외 선전 등. 치외 법권에 속함.
領土	領空	領海	僑胞	同胞	大使

領 다스릴 령	土 흙 토	領 다스릴 령	空 하늘 공	領 다스릴 령	海 바다 해	僑 객지에 살교	胞 태보 포	同 한가지 동	胞 태보 포	大 큰 대	使 사신 사

公使	領事	國軍	保衞	治外法權
공　　사	영　　사	국　　군	보　　위	치　외　법　권
국가를 대표한 외교 사절의 제이 계급. ※공사관(公使館)은 특명 전권공사와 대리 공사의 집무하는 관사. 국제법상 대사관에 준함.	외국에 주재하여 거류민의 보호 감독, 자국의 통상 촉진 등을 담당하는 관리. ※영사관(領事館)에는 총영사·영사·부영사가 있으며, 외교관은 아니나 대사의 부재시 일정한 범위 내에서 대행할수 있음.	① 나라를 지키는 군대. ② 정부군. ③ 대한 민국의 군대. ※ 국군의 날~10월 1 일이며 국군 창설을 기념하는 날.	① 보호하여 지킴. ② 외국으로부터 침략을 당했을 때 나라를 보호하고 지킴. ※ 보위의 의무는 전 국민이 가지나 직접 전투는 국군이 맡음. 육군·해군·공군을 3군이라 함.	① 외국 영토 내에서 자국의 법률만이 적용되는 권리. ② 주재국(駐在國)의 주권이 미치지 않는 국제법.

公	使	領	事	國	軍	保	衞	治	外	法	權
공변될 공	사신 사	다스릴 령	일 사	나라 국	군사 군	보호할 보	지킬 위	다스릴 치	바깥 외	법 법	권세 권

故事成語
(고사성어)
인사유명
人死留名
사람은 죽어도 이름은 남겨진다는 말로, 그 삶이 헛되지 않으면 방명(芳名)은 길이 남는다는 말. ※ 비슷한 말 : 호사 유피(虎死留皮).

條約	租借	共和國	大統領	國是
조 약	조 차	공 화 국	대 통 령	국 시
문서에 의한 국가 간의 합의. ※종류는 협약(協約)·협정(協定)·헌장(憲章)·선언(宣言) 등이 있으며 효력에는 아무런 차이가 없음.	① 한 나라가 다른 나라의 영토 일부분에 대한 통치권을 얻어 지배하는 일. ② 가옥(家屋)·토지를 빌어 씀. ※ 홍콩(香港), 마카오.	국가의 최고 권력이 한 사람만의 의사에 있지 않고 합의체(合議體)인 기관에 있는 국가. ※ 의회주의 국가. 국가 원수는 대통령임.	① 공화국의 원수(元首). ②모든 행정을 총람하고 주권을 대표함. ③ 행정부의 수반. ④ 외국에 대하여 국가를 대표함.	나라에서 세운 국책상의 기본이 되는 국정 방침. 나라 방침. ※ 우리 나라는 민주주의를 ~로한다.

條	約	租	借	共	和	國	大	統	領	國	是
조목 조	약속할 약	세금 조	빌릴 차	함께 공	화할 화	나라 국	큰 대	거느릴 통	다스릴 령	나라 국	옳을 시

議會	憲法	法律	案件	輿論	發議
의 회	헌 법	법 률	안 건	여 론	발 의
① 국회. ② 법률에 의하여 조직된 합의제의 기관. ③ 시 의회. 도 의회 따위. ④ 국회의 총칭. 예 ～정치. ～주의.	① 국가의 조직과 작용에 관한 근본적인 법규. ① 한 국가의 최고의 권위를 가진 기본 법률. 예 ～기관(機關). ※ 영국에는 헌법이 따로 없음.	① 사회 생활을 유지하기 위하여 국회에서 정한 법칙. ② 사회의 질서를 유지하기 위한 지배적 · 국가적인 규범. 비 법규.	① 문서에 적어 놓은 사건이나 계획. ② 한가지 일을 결정하기 위하여 미리 꾸민 계획. ③ 법률안 · 계획안.	① 어떠한 개인이나 사회에 대한 여러 사람들의 공통된 언론. ② 공론. ③ 세론(世論). ④ 어느 문제에 대하여 의견의 교환을 거쳐, 어느 정도 일치하게 된 의견.	① 회의할 때 어떠한 의논할 거리를 냄. ② 의견이나 계획을 생각하여 내 놓음.

議 會 | 憲 法 | 法 律 | 案 件 | 輿 論 | 發 議

| 의논할 의 | 모을 회 | 법 헌 | 법 법 | 법 법 | 법 률 | 생각할 안 | 사건 건 | 많을 여 | 논의할 론 | 드러낼(필) 발 | 의논할 의 |

議 會 憲 法 法 律 案 件 輿 論 發 議

改議	質疑	討論	司會	票決	否決
개 의	질 의	토 론	사 회	표 결	부 결

① 고쳐 의논함. ② 회의에서 동의에 대항하여 의논할 거리를 냄. ⑭ 동의(動議). ※ 규칙상 개의부터 먼저 표결에 붙임.

① 의심나는 점을 물어서 밝힘. ② 질문(質問). ③ 옳고 그름을 물음. ⑭ 응답(應答).

① 토의. ② 어떤 문제를 둘러싸고 여러 사람이 각각 자기의 의견을 말하여 좋은 결론을 얻으려고 하는 논의.

집회에서 진행을 맡아보는 것 또는 그 사람. ㉎ ～자(者).～봉(棒).～석(席). ※회의를 효과적으로 이끌어감.

① 투표로써 결정함. ② 각 의원이 의안(議案)에 대하여 가부의 의사를 표로써 결정함.

① 회의에서 제출된 안건이나 의논한 일에 대하여 옳지 않다고 하는 결정. ② 반대 또는 폐기 표결.

고칠 개 / 의논할 의 / 물을 질 / 의심할 의 / 칠 토 / 논의할 론 / 맡을 사 / 모을 회 / 표 표 / 정할 결 / 아니 부 / 정할 결

故事成語 (고사성어) 수구여병 守口如瓶 ① 병에 담아 놓은 듯이 입을 다물고 있다는 뜻으로, 언어에 신중을 기함을 일컫는 말. ② 비밀을 잘 지켜서 남에게 알리지 아니함을 일컫는 말.

宣布	速記	與野	領袖	政見	協商
선 포	속 기	여 야	영 수	정 견	협 상
① 널리 세상에 알림. ② 어떤 결정된 사실을 포고함. 예교육 헌장(憲章) ~.	① 빨리 적음. ② 속기법으로 적음. 예~록(錄). ~법(法). ※ 주로 의회에서 많이 이용함.	① 여당과 야당. ② 집권당(執權黨)과 반대당. ③ 정부측을 옹호하는 무리와 이를 비평하는 무리.	① 여러 사람 중의 우두머리. ② 각 정당의 당수. ③ 장로교에 있어서 아직 조직이 덜된 교회를 인도하는 직분.	① 정치상 의견이나 식견. ② 각 정당마다 지니고 있는 정치적 계획. 예~발표회(發表會).	① 협의하여 계획함. ② 2국 또는 여러 나라 사이의 협정에 의한 친선 관계로서 동맹의 관계까지 이르지 아니한 일. ※ 1차대전 전의 영·불 협상.
宣布	速記	與野	領袖	政見	協商

널리펼 선	펼 포	빠를 속	기록할 기	참여할 여	들 야	다스릴 령	소매 수	정사 정	생각 견	화할 협	헤아릴 상

名言金言 (명언금언)	◆ 인생은, 어리석은 자에게 곤란하게 보일 때, 슬기로운 자에게는 쉽게 보이고, 어리석은 자에게 쉽게 보일 때, 슬기로운 자에게는 곤란하게 보인다.〈괴에테「格言과 反省」〉
故事成語 (고사성어)	삼인성호 三人成虎 ｜ '거리에 범이 나왔다고 여러 사람이 다 함께 말하면 거짓말이라도 참말로 듣는다'는 말로, 근거 없는 말이라도 여러 사람이 말하면 곧이 듣는다는 뜻.

3. 司法·裁判 ①

訴訟	民事	刑事	原告	被告	陳述
소 송	민 사	형 사	원 고	피 고	진 술
① 법률상의 판결을 법원에 요구하는 절차. ② 송사(訟事). ③ 분쟁의 판단·해결을 법원에 구하는 행위. 예 민사(民事)~. 형사(刑事)~.	개인간의 생활관계에 관한 분쟁·이해의 충돌을 국가의 재판권에 의하여 법률적으로 해결하기 위한 절차.	① 형법의 적용을 받는 사건. ② 범죄를 인정하고 형벌을 과하기 위한 절차. ※ 검사와 피고.	법원에 민사 또는 행정 소송을 제기한 당사자. 반 피고. 예 원고인(原告人).	민사 소송에 있어서 소송을 당한 사람. 반 원고(原告). 예 피고인(被告人).	재판 과정에서 원·피고 공히 사건의 내용을 상세하게 말로 또는 서면으로 말하는 일.

訴	訟	民	事	刑	事	原	告	被	告	陳	述
송사할 소	송사할 송	백성 민	일 사	형벌 형	일 사	근원 원	고소할 고	입을 피	고소할 고	말할 진	말할 술

辨論	判決	不服	抗告	控訴	上告
변 론	판 결	불 복	항 고	공 소	상 고
① 옳고 그름을 따짐. ② 소송 당사자가 법정에서 하는 주장과 진술. ③ 민형사 소송상 원피고 및 검사의 논고와 변호인의 의견 진술을 가리킨다.	① 시비 곡직을 결정하는 일. ② 법원이 법률을 적용하여 소송 사건을 끝맺는 재판. ③ 법원 판사가 사건을 판별하여 결정하는 일.	① 판결에 복종하지 않는 것. ② 복죄(服罪) 하지 아니함. ㉖ ~신청 (申請). ~상소(上訴).	법원의 결정 명령에 대하여 상급 법원에 직접 불복 상소함. ※ 제도~ 보통 항고와 즉시 항고, 최초의 항고와 재항고.	제1심 판결에 불만이 있는 자가 제2심 법원에 상소하는 절차나 일. ㉗ 항소(抗訴).	① 웃 사람에게 고함. ② 대법원에 내는 상소. ③ 민사 소송법상 공소심의 종국 판결에 대한 상소. ④ 형사 소송법상 1·2심 판결에 대한 상소.
辨論	判決	不服	抗告	控訴	上告
분별할 변 / 논의할 론	판단할 판 / 정할 결	아닐 불 / 복종할 복	대항할 항 / 고소할 고	고할 공 / 송사할 소	위 상 / 고소할 고

名言金言 (명언금언)	❖ 인생의 비결은 자기가 좋아하는 일을 하는 것이 아니라, 해야만 하는 일을 좋아하도록 노력하는 것이다. 〈D. M. 드레이크〉
故事成語 (고사성어)	새옹지마 塞翁之馬 모든 것이 전전(轉轉)하여 무상(無常)하니 인생의 길흉(吉凶)·화복(禍福)이란 항시 바뀌어 예측할 수 없는 것이라는 비유.

拘束	保釋	執達吏	執行	追徵金
구 속	보 석	집 달 리	집 행	추 징 금
①자유를 억제함. ② 구인(拘引)하여 속박함. ③ 자유의 행동을 제한 또는 정지시킴. ※죄질과 도피의 우려가 있다고 인정될 때 판사의 영장에 의하여 집행할 수 있음.	피고인·변호인 등의 청구 또는 법원의 직권으로 보증금을 납부시켜서 구류중의 피고인을 석방하는 일.	지방 법원 및 지원에 배치되어 송달 및 강제 집행에 관한 처분을 행하는 단독체의 기관의 공무원.	① 실제로 일을 잡아서 행함. ② 강제로 일을 잡아서 행함. 例 강제~. ~명령. ~권. ~문(文). ~력. ~보전 절차.	징수 기한이 지난 뒤에 부족액 따위를 물려서 거두는 돈. 또는 추가하여 거두어 들이는 돈. ② 형(刑)에 부과(賦課)하여 벌금을 추가로 징수하는 돈.

拘	束	保	釋	執	達	吏	執	行	追	徵	金
잡을 구	묶을 속	보호할 보	풀 석	잡을 집	통달할 달	관리 리	잡을 집	다닐 행	따를 추	거둘 징	돈 금

故事成語 (고사성어)

불치하문
不恥下問

모르는 것이 있으면 누구에게 물어서라도 알아야 한다는 말. 혹은 나이 어린 사람에게서라도 배워야 함을 말함.

閣僚	部處	政府	戶籍	租稅	官廳
각 료	부 처	정 부	호 적	조 세	관 청
① 내각의 장관 자리에 있는 관료(官僚). ② 행정 각 부의 장관. ③ 정부 부·처·원의 장관.	정부 조직체의 부(部)와 처(處)의 총칭. ※ 처(處)~ 독립된 정부의 기관이나 부령(部令)을 발할 수 없음.	① 정치 및 행정을 하는 곳. ② 국가의 통치권을 행사하는 기관. ③ 내각에 의하여 통할하는 행정부	① 호수나 식구별로 기록된 장부. ② 부부를 중심으로 하여 그 집에 속하는 사람의 본적지, 성명 그 밖의 여러 가지 사항을 기록한 공문서.	국가 또는 자치단체가 일반 경비를 쓰기 위하여 국민에게서 받아들이는 돈. ㉔ 공세(貢稅). 공조(公租).	맡아 보는 국가 사무에 대하여 국가의 의사를 결정하고 이것을 표시하는 권능이 주어진 국가 기관의 장 또는 그 집. ※ 도지사. 도청.
閣 僚	部 處	政 府	戶 籍	租 稅	官 廳

| 내각
각 | 관리
료 | 부문
부 | 곳
처 | 정사
정 | 관청
부 | 지게(집)
호 | 호적
적 | 세금
조 | 세금
세 | 벼슬
관 | 관청
청 |

名言金言 (명언금언)	❖ 뿌리 깊은 나무는 바람에 아니 움직일새, 꽃은 활짝 피고 열매도 많나니. 샘이 깊은 물은 가물에 아니 그칠새, 강이 되어 바다에 이르나니. (根深之木, 風亦不扤, 有灼其華, 有蕡其實. 源遠之水, 旱亦不竭, 流斯爲川, 于海必達) 〈龍飛御天歌〉
故事成語 (고사성어)	산고수장 山高水長　　인자(仁者)나 군자(君者)의 덕(德)이 길이길이 전함을 뜻하는 말.

署名	民願	命令	決裁	接受	發送
서 명	민 원	명 령	결 재	접 수	발 송
서류 따위에 책임을 밝히기 위하여 직접 이름을 적어 넣음. 즉 문서에 자기 이름을 자서(自書)함을 뜻함.	① 국민의 소원. ② 국민의 청원(請願). 예 ~봉사실(奉仕室). ~서류(書類). ~함(函).	① 웃사람이 시키는 분부. ② 작위(作爲) 또는 부작위(不作爲)를 명하는 법령. ③ 관청이 그 권한에 의하여 일반 국민에게 발하는 명령.	① 아랫사람이 올린 안건을 상관이 헤아려 승인함. ② 책임자가 공문서의 내용을 마무리 승인 결정함.	관청·공공단체·회사 따위에서 서류를 받아들이는 일. 또는 받아들임. 예 ~처(處). 반 발송.	물건·편지 따위를 부침. 예 ~처(處). ~공문(公文). 반 접수.

署	名	民	願	命	令	決	裁	接	受	發	送
서명할 서	이름 명	백성 민	원할 원	명령 명	명령할 령	정할 결	결단할 재	맞을 접	받을 수	떠날 발	보낼 송

故事成語
(고사성어)

수주대토
守株待兎

① 요행을 바라고 헛되이 세월을 보냄. ② 부질없이 구습(舊習)과 전례(前例)에만 구애(拘碍)되어 시변(時變)에 처(處)하는 것을 모름을 이름.

團束	委任	賦課	督勵	公務	懲戒
단　속	위　임	부　과	독　려	공　무	징　계
① 경계를 단단히 하여 다잡음. ② 취체(取締). 예~범위(範圍). ~사례(事例).	① 어떤 일을 지워 맡김. ②당사자의 한편(위임자)이 다른 한편(수임자)에게 사무 처리를 맡기는 계약. 반 수임(受任).	① 매겨서 부담시키는 일. ② 일정한 율에 의하여 매기는 일. 예~세(稅). ~금(金). ~액(額).	① 감독하여 장려함. ② 감독하고 독촉하여 권장 격려함. 비장려(奬勵). 예~반(班). ~사항(事項).	① 국가 또는 공공 단체의 사무. 공사(公事). ② 공적(公的)인 일. 여러 사람에 관계되는 사무.	① 허물을 뉘우치게 경계하고 나무람. ②공무원이 의무를 위반하였을 때 내리는 일정한 제재(制裁). 비징벌(懲罰). 반 표창(表彰). 예~권(權). ~처분(處分).

團	束	委	任	賦	課	督	勵	公	務	懲	戒
단속할 단	묶을 속	맡길 위	맡길 임	줄 부	부과할 과	독려할 독	권장할 려	공변될 공	일 무	징계할 징	경계할 계

故事成語
(고사성어)

수구초심
首丘初心

'여우가 죽을 때 머리를 제가 살던 굴로 둔다'는 데서, 고향을 그리워하는 마음을 이름.

書簡	孟春	小春	陽春	三春	佳節
서 간	맹 춘	소 춘	양 춘	삼 춘	가 절
① 편지. ② 외교 문서(外交文書) 의 하나. 글자 그대로 의 편지로서, 일인 칭·이인칭으로 쓰여지며, 이를 내는 사람이 서명(署名)함. 서간을 교환하면, 교환 공문(交換公文)이 됨.	① 이른 봄. ② 음력 정월께. ③ 초봄. ※ 봄이 시작되는 첫 계절을 뜻함. 예 ~지절(之節).	① 양력 3월 초의 봄. ② 음력 10월경의 초겨울도 가리킴. ③ 완연한 봄이 되기 전의 쌀쌀한 계절. 예 ~지절(之節).	① 따뜻한 봄철.② 음력 이월께. ③ 햇볕이 포근한 봄날. ④ 초목이 힘차게 활동을 개시하는 철. 예 ~가절(佳節).	① 봄 석달. ② 양력 3·4·5월. ③ 아지랑이 피어 오르고 모든 꽃이 피는 봄. 예 ~지절(之節).	① 좋은 시절. ② 만물이 생기를 띠고 성장하기 시작하는 좋은 때. ③ 희망의 계절. 예 양춘 ~.

書	簡	孟	春	小	春	陽	春	三	春	佳	節
편지(글) 서	편지 간	만(첫) 맹	봄 춘	작을 소	봄 춘	볕 양	봄 춘	석 삼	봄 춘	아름다울 가	철 절

故事成語
(고사성어)

맹모단기
孟母斷機

맹자가 학문을 다 마치지도 않고 집에 돌아오자 그 어머니가 짜던 베를 칼로 잘라, 학문을 중도에 그만둔다는 것은 짜던 베의 날을 끊는 것과 같다고 경계한 것.

初夏	新綠	綠蔭	芳草	盛夏	炎暑
초 하	신 록	녹 음	방 초	성 하	염 서
① 첫 여름. ② 초여름. ③ 녹음 방초가 우거지기 시작하는 계절. 양력 5월경. 団 맹하(孟夏). 団 만하(晚夏). 団 신록의 ~.	① 늦봄이나 초여름의 초목의 잎이 우거질 때. ② 방초가 향기를 뿜고 나뭇잎이 싱싱하게 푸르름을 자랑하는 것. 団 ~계절(季節).	① 우거진 푸른 나무의 그늘. ② 양력 5월 말부터 6·7·8월경. ③ 두터운 나뭇잎 그늘. 団 ~방초.	향기 풍기는 꽃다운 풀. ※ 양력 5·6월경. 団 잡초(雜草). 団 녹음 ~.	① 한여름. ② 더운 여름. ※ 양력 6·7·8월경. 만물의 생육이 절정에 다다랐을 때. 団 ~지절(之節).	① 불볕이 쬐는 더위. ② 혹서·염열(炎熱). 団 혹한(酷寒). 団 ~지절(之節). ~지제(之際). ※ 양력 7월경.
初 夏	新 綠	綠 蔭	芳 草	盛 夏	炎 暑
처음 초 / 여름 하	새 신 / 푸를 록	푸를 록 / 그늘 음	꽃다울 방 / 풀 초	성할(많을) 성 / 여름 하	더울 염 / 더울 서

名言金言 (명언금언)	❖ 그날 그날이 너에게 있어서 최후의 날이라고 생각하라. 그렇게 하면 뜻하지 않은 오늘을 얻어 기쁨을 갖게 될 것이다. 〈호라티우스〉
故事成語 (고사성어)	반포지효 反哺之孝 — 반포하는 효성. ※ 반포(反哺) : ① 부모의 은혜를 갚음. ② 새새끼가 자란 뒤에 늙은 어미새에게 먹을 것을 물어다 주는 것. ③ 앙갚음.

書 簡 文 ③

初秋	仲秋	秋凉	菊秋	晚秋	豊穫
초 추	중 추	추 량	국 추	만 추	풍 확
① 첫가을. ② 초량(初凉). ③ 양력 9월경의 초가을. 비 맹추(孟秋). 예 ~지절(之節).	① 가을의 한창때로 음력 8월 한가위 무렵. 양력 10월경의 천고 마비(天高馬肥)의 계절. 예 ~가절(佳節). 반 양춘(陽春).	① 가을철의 맑은 공기가 선선할 때. ② 양력 10월 말부터 11월 중순까지의 계절. ③ 서늘한 가을 날씨. 예 ~지제(之際).	국화 꽃 향기로운 때. ※ 양력 10월중순부터 11월 중순까지의 계절. 예 ~지절(之節).	늦가을. 비 모추(暮秋). 반 조추(早秋). ※제법 한기(寒氣)를 느끼는 양력 11월 말경. 예 ~지제(之際).	① 풍요로운 수확의 계절. ② 가을의 한창인 때. ※양력 10월경. 예 ~지절(之節). 비 수확(收穫). 추수(秋收).

초/처음	추/가을	중/버금(둘째)	추/가을	량/가을	량/서늘할	국/국화	추/가을	만/늦을	추/가을	풍/풍성할	확/거둘

故事成語 (고사성어)	백년하청 百年河清	'중국의 황하(黃河)가 항상 흐리어 맑을 때가 없다'는 데서 나온 말로, 아무리 오래 되어도 사물이 이루어지기 어려움을 일컫는 말.

孟冬	三冬	雪寒	嚴冬	歲暮	送舊
맹 동	삼 동	설 한	엄 동	세 모	송 구
① 초겨울. ② 음력 10월경. ③ 첫겨울. 즉 입동에서 소설 사이의 계절. ⑮ 맹하(孟夏). ㉃ ~지절(之節).	① 겨울의 석달 동안. ② 양력 12·1·2월. ③ 북서 계절풍이 불고 눈보라 치는 겨울. ㉃ ~지제(之際).	① 눈이 내리거나 내린 뒤의 추위.② 눈이 내릴 때 휘몰아치는 찬 바람. ※ 양력 12월 말부터 1월 말까지.㉃ 엄동~.	몹시 추운 겨울. ※ 소한에서 대한 사이의 계절. 살을 에는 추위를 뜻함. ㉃ ~설한.	① 세밀. ② 세말. ③ 설 대목.※ 저물어 가는 한 해를 말함. ㉃ ~지제(之際).	① 묵은 해를 보냄. ② 옛 것은 보냄. 또는 털어버림. ※ 세모·연초에 쓰는 말. ㉃ ~영신(迎新).
孟	冬	三	冬	雪	寒	嚴	冬	歲	暮	送	舊

| 만 맹 | 겨울 동 | 석 삼 | 겨울 동 | 눈 설 | 찰 한 | 혹독할 엄 | 겨울 동 | 해 세 | 저물 모 | 보낼 송 | 옛 구 |

故事成語 (고사성어)　무릉도원 武陵桃源　① 신선이 살았다는 전설적인 중국의 명승지. ② 이 세상과 따로 떨어진 별천지. 준 도원(桃源)

迎新	新年	元旦	謹啓	時下	前略
영　신	신　년	원　단	근　계	시　하	전　략
① 새해를 맞음. ② 새로운 것을 맞아 들임. ※세모 또는 연초에 쓰는 말. 예 송구~.	새해. ※새해 인사에 대하는 말.예근하~. 공하~. ~하객. ~연회.	① 설날. ② 설날아침. ※원조(元朝). 정조(正朝).원신(元辰). 명절 제사와 세배(歲拜)를 함.	① "삼가 아룁니다"의 뜻으로 편지첫 머리에 쓰는 말. ② "삼가 올립니다"의 뜻으로도 쓰임.	"이때, 요즈음"의 뜻으로 편지에서 쓰는 말. ※ "요즈음 날씨 어떠합니까?"의 뜻이 담겨져 있음.	글을 쓸 때 앞의 부분을 떨어버림. 반 후략(後略). ※ 서로 친하거나 동연배 사이에 혼히 쓰는 편지의 첫 말.

迎	新	新	年	元	旦	謹	啓	時	下	前	略
맞을 영	새 신	새 신	해 년	으뜸 원	아침 단	삼갈 근	여쭐 계	때 시	아래 하	앞 전	생략할 략

迎	新	新	年	元	旦	謹	啓	時	下	前	略

名言金言 (명언금언)	◇ 옛부터 학자는 벼슬을 구하는 것이 아니다. 학문이 높은 경지에 이르러, 위에서 내려 주는 것이다. 또한 벼슬은 남을 위한 것이지, 자기를 위한 것이 아니다. 〈李 珥〉
故事成語 (고사성어)	만구성비 萬口成碑　여러 사람이 칭찬하는 것이 송덕비(頌德碑)를 세우는 것과 같다는 말.

亂筆	擱筆	餘不備禮	保重	萬重
난 필	각 필	여 불 비 례	보 중	만 중
되는대로 마구 어지럽게 쓴 글. ※ 상대방에 대하여 자기를 낮추어 하는 말. 즉 "되지 못한 글"이라는 뜻.	① 쓰기를 멈춤. ② 쓰기를 끝냄. ※ 친구·친지·동연배 간에 쓰는 말. ㉣종필(終筆).	"나머지는 예를 갖추지 못한다"는 뜻으로 편지 끝에 쓰는 상투어.	① 몸을 보존하여 아낌. ② 몸을 중하게 보존함. ㉣보존(保存). ㉠옥체(玉體) ~.	① 몸을 두루 보존하여 아낌. ② 몸을 일체 중하게 보존함. ㉣만강(萬康). 강녕(康寧).

亂	筆	擱	筆	餘	不	備	禮	保	重	萬	重
어지러울 란	붓 필	놓을 각	붓 필	남을 여	아닐 불	갖출 비	예도 례	보호할 보	중요할 중	일만 만	중요할 중

亂 筆 擱 筆 餘 不 備 禮 保 重 萬 重

名言金言 (명언금언)	◇ 인자(仁者)는 근심하지 아니하며, 지자(智者)는 흔들리지 아니하며, 용자(勇者)는 두려워하지 아니한다. 〈孔 子〉
故事成語 (고사성어)	등하불명 燈下不明 등잔 밑이 어둡다는 뜻으로, 가까이 있는 것이 도리어 알아 내기 어려움을 이르는 말.

不肖子	不肖女息	令息	令夫人
불 초 자	불 초 여 식	영 식	영 부 인
아버지에 대하여 아들이 자기를 낮추어 말할 때 쓰는 말. ※ 반드시 부모에 대해서만 쓰는 말임 (아들).	아버지에 대하여 딸이 자기를 낮추어 말할 때 쓰는 말. ※ 이 말 역시 부모에 대해서만 쓰는 말임 (딸).	남의 아들. ㉘ 영애 (令愛). ※ 남의 자식을 높여서 부르는 호칭.	남의 부인을 높이어 일컫는 말. ㉖ 귀부인 (貴婦人). ㉘ 동 (同) ~. ※ 사돈간일 때 ~ 사부인 (査夫人).

不 肖 子　不 肖 女 息　令 息　令 夫 人

| 아닐 불 | 닮을 초 | 아들 자 | 아닐 불 | 닮을 초 | 딸 녀 | 자식 식 | 남을 높이는 말 령 | 자식 식 | 남을 높이는 말 령 | 사내 부 | 사람 인 |

不 肖 子　不 肖 女 息　令 息　令 夫 人

故事成語
(고사성어)

문일지십
聞一知十　한 가지를 듣고 열 가지를 미루어 앎. 재주의 총명함을 비유한 말.

内生	外生	小生	小弟	尊堂	高堂
내 생	외 생	소 생	소 제	존 당	고 당
외숙부에 대하여 자기를 낮추어 말할 때 쓰는 말. ※ 외숙부님에게 편지를 올릴 때만 생질(甥姪)을 내생(内生)이라 씀.	빙부〈장인〉에 대하여 사위가 낮추어 말할 때 쓰는 말. ※ 빙부에게 편지를 올릴 때만 사위〈婿〉를 외생(外生)이라 씀.	손위 어른에 대하여 자기를 낮추어 말할 때. ㉫시생(侍生). ※ 소생은 일반 윗사람에게, 시생은 주로 스승에게 편지를 올릴 때.	10세부터 15세정도 사이의 위 되는 사람에게 자신을 일컫는 말. 즉 형벌이상 되는 분에게 자기를 낮추어서 씀.	① 남의 부모. ② 친구 또는 친지의 부모. ③ 남의 어머니. ※ 당(堂)은 높혀 부를때 씀.	① 남의 부모 내지는 사회의 어른. ② 높은 집. ※ 주로 안내문이나 청첩장 따위에 많이 쓰인다.
内生	外生	小生	小弟	尊堂	高堂

안 내	날 생	바깥 외	날 생	작을 소	날 생	작을 소	아우 제	높을 존	집 당	높을 고	집 당

故事成語
(고사성어)

백척간두
百尺竿頭   높은 장대 끝에 섰다는 말로, 막다른 위험에 빠진 것을 일컫는 말.

書 簡 文 ⑨

尊禮	玉體	康寧	平安	萬安	均寧
존 체	옥 체	강 녕	평 안	만 안	균 녕
① 윗 어른의 몸. ② 상대편의 몸. (비) 옥체(玉體). 귀체(貴體). (예) ~만중하시기를….	① 귀한 몸. ② 임금의 몸. ③ 왕비의 몸. (비) 존체(尊體). 귀체(貴體). (예) ~만중하시기를….	몸이 건강하고 마음이 편안함. (비) 안녕(安寧). (예) 존체 ~하시기를…. ※ 평안(平安)과 같음.	아무 일이 없어 마음에 걱정이 없음. (비) 안녕(安寧). 강녕(康寧). (예) 옥체(玉體) ~하시기를.	매우 편안함. (비) 만강(萬康). ※ 탈 없어 모든 것이 편안하다는 뜻. (예) 귀체(貴體) ~ 하시기를 ….	① 두루 편안함. ② 온 식구가 모두 안녕함. ③고루 편안함. (비) 균안(均安). (예) 댁내(宅內) ~들 하시온지….
尊 體	玉 體	康 寧	平 安	萬 安	均 寧
높을 존 / 몸 체	훌륭할 옥 / 몸 체	편안할 강 / 편안할 녕	평평할 평 / 편안할 안	일만 만 / 편안할 안	고를 균 / 편안할 녕

名言金言 (명언금언)	◇ 만일 사람이 백 년이나 오래 살아도 게으르고, 겁이 많고, 심지(心志)가 약하면, 하루동안 살아서 용맹하고, 노력하고, 보람된 것만 같지 못하느니라. 〈佛 經〉
故事成語 (고사성어)	월하빙인 月下氷人 '월하 노인(月下老人)과 빙인(氷人)의 합성어'로, 남녀의 인연을 맺어준다는 전설의 노인.

族譜	戚黨	行列	親族	直系	高祖
족　보	척　당	항　렬	친　족	직　계	고　조
한 족속(族屬)의 계통(系統)과 혈통(血統)에 관계되는 것을 적은 책.	척속(戚屬). 척(戚) 관계가 되는 겨레붙이. 척련(戚聯).	혈족의 방계(傍系) 간에서의 대수(代數) 관계. 형제자매의 관계는 같은 항렬로 같은 항렬자를 써서 나타냄.	① 촌수가 가까운 일가붙이. ② 배우자·8촌 이내의 부계 혈족·4촌 이내의 모계 혈족.	① 바르고 곧은 계통. ② 종계(宗系). 예 ~존속·~비속·~인족·~친 따위.	고조부모. 할아버지의 할아버지와 할머니. ※ 관습상 고조까지 기제를 지냄. 세계(世系)상 4대조에 해당함.
族譜	戚黨	行列	親族	直系	高祖

겨레 족	계보 보	겨레 척	무리 당	항렬 항	차례 렬	어버이 친	겨레 족	곧을 직	혈통 계	높을 고	할아비 조

曾祖父	祖父母	父母	祖上	子孫
증 조 부	조 부 모	부 모	조 상	자 손
할아버지의 아버지. 기제를 지내며 3대조에 해당함.	아버지의 아버지와 어머니. 즉 할아버지와 할머니. ※기제를 지내며 2대조에 해당함.	아버지와 어머니. ※친기(親忌)를 지내며 가장 큰 제사(祭祀)이다. 세계상 1대조.	① 돌아간 아버지 위의 대대의 어른. ② 선민(先民). ③ 선조(先祖). 예 ~굿. ~상(床).	아들과 여러 대의 손자. 비 후손(後孫). 반 조상(祖上). 예 ~계(計).

曾	祖	父	祖	父	母	父	母	祖	上	子	孫
거듭증	할아비조	아비부	할아비조	아비부	어머니모	아비부	어머니모	할아비조	위상	아들자	손자손

三族	六親	九族	一家	兄弟	姉妹
삼　　족	육　　친	구　　족	일　　가	형　　제	자　　매
① 부모, 형제, 처자. ② 부계(父系)와 모계(母系)와 처계(妻系) 즉 친족과 외족과 처족. ※ 범위는 부계 8촌, 모계 4촌, 처계 장인·장모까지.	부·모·형·제·처·자의 총칭. ※ 범위는 직계 존비속과 형제.	① 고조, 증조, 조부, 부, 자기, 자, 손, 증손, 현손(고손)까지의 직계 9대. ② 부족(父族) 넷(자기 동족, 딸의 자녀, 자매의 자녀, 고모의 자녀) 모족(母族) 셋(외할아버지, 외할머니, 이모의 자녀) 처족(妻族) 둘(장인, 장모)을 가리키기도 함.	① 한 집안. ② 11촌까지의 동성 동본의 겨레붙이. ③ 학문이나 예능 부문에서 독립된 한 파를 이루고 있는 일.	① 형과 아우. ② 백씨(伯氏)와 계씨(季氏). ③ 동기(同氣). ⓑ 숙백(叔伯). ⓔ ~간(間).	① 손 위의 누이와 손 아래의 누이. ② 여자끼리의 언니와 아우. ③ 여형제. ⓔ ~기관(機關).

三	族	六	親	九	族	一	家	兄	弟	姉	妹
석 삼	겨레 족	여섯 륙	친할 친	아홉 구	겨레 족	한 일	집 안 가	맏 형	아우 제	누이 자	손아랫누이 매

三 族 六 親 九 族 一 家 兄 弟 姉 妹

名言金言 (명언금언)	◆ 인생이 살 가치가 있다는 것은, 전제(前提) 중에서도 가장 필요한 전제이며, 만약 그것이 전제되지 않는다면 결론들 중에서 가장 불가능한 결론이다.　〈산타야나「理性의 生活」〉
故事成語 (고사성어)	연목구어 緣木求魚　도저히 불가능한 일을 굳이 하려 함을 비유하는 말.

兄嫂	姑婦	家族	從祖	伯父	叔母
형　수	고　부	가　족	종　조	백　부	숙　모
① 형의 아내. ② 수씨(嫂氏). ③ 조카〈姪〉의 어머니. 촌수는 2촌간임.	① 시어머니와 며느리. ②고식(姑息). ⑩ ～간(間). ※시아버지와 며느리는 구부(舅婦)간임.	① 한 집안의 친족, 즉 가족 제도에 있어서 호주의 친족 및 그 배우자와 자녀. ②가내(家內). ⑩ ～수당((手當)·～회의(會議).	① 할아버지와 형제 되는 분.②종조부(從祖父). ※아내 되는 분은 종조모(從祖母)임. 촌수는 4촌임.	① 아버지의 맏형 즉 큰아버지. ② 세부(世父). ※ 아내 되는 분은 백모(伯母) 이고 촌수는 3촌임.	숙부(삼촌)의 아내. ⑲ 백모(伯母). ※ 촌수는 3촌임.

兄	嫂	姑	婦	家	族	從	祖	伯	父	叔	母
맏 형	형수 수	시어미 고	며느리 부	집 가	겨레 족	나타내는 친척의 관계를말 종	할아비 조	맏 백	아비 부	아재비 숙	어머니 모

從弟	從叔	再從	叔姪	姑母	寸數
종　제	종　숙	재　종	숙　질	고　모	촌　수
① 백부 또는 숙부의 아들. ② 사촌 동생. ※ 사촌형은 종형(從兄)임.	아버지와 사촌되는 당숙. ※ 아내는 종숙모(從叔母)이고 촌수는 5촌임.	종숙(당숙)의 자녀. 육촌. ※ 재종형(再從兄)·재종제(再從弟).	① 숙부와 조카. ② 백부와 조카. ※ 촌수는 3촌임.	아버지의 여형제. 촌수는 3촌임. 고모의 아들은 고종(姑從) 또는 내종(內從)이라 하고 촌수는 4촌이며 서로를 부를 때 내외종(內外從)이라 함.	친족간의 관계(거리)를 나타내는 칫수. ※ 친족 일가는 사종 숙질(四從叔姪)까지로 하고 촌수는 11촌이 됨.
從　弟	從　叔	再　從	叔　姪	姑　母	寸　數

| 종 친나척의관계를말 | 아우제 | 종 친나척의관계를말 | 아재비숙 | 두재 | 종 나타내는친척의관계를말 | 아재비숙 | 조카질 | 고모고 | 어머니모 | 촌수촌 | 셈할수 |

親　　　戚 ⑥

三從	堂內	外族	妻族	姑從	外從
삼　종	당　내	외　족	처　족	고　종	외　종
재종숙(아버지와 육촌)의 자녀.팔촌. ※삼종형(三從兄). 삼종제(三從弟). 동 고조(同高祖)의 자손중 가장 먼 일가.	삼종(팔촌) 이내 의 친족. ※동고 조(同高祖) 이후의 자손의 총칭. 유복 지친(有服之親).	어머니의 친가되 는 외가 친족. ※ 남 형제는 외숙(外叔)이고 여형제는 이모(姨母)이다.	아내의 친가되는 처가 친족. ※부는 빙부(聘父) 형제는 처남(妻男) 자매는 처형(妻兄)·처제(妻弟)이다.	고모의 자녀. 내종. ※고모의 난(欄)을 참조(參照)할 것.	외숙부의 자녀. 외사촌. ※외종형(外從兄)과 외종제(外從弟).

三從	堂內	外族	妻族	姑從	外從

| 석 삼 | 一 一 | 친척내의 관계를 말 나타내는 종 | 근 친 당 | ·丶丷冂冂一一 안 내 | ㇒丿冂丶 바 깥 외 | ㇒丿丶冫一冫丶 겨 레 족 | ㄱ三一丨丨丶 아 내 처 | ㇒丿丶冫一冫丶 겨 레 족 | ㇑丿丨丶口 고 모 고 | ㇒丿冫丶 친척내의 관계를 말 나타내는 종 | ㇒丿丶 바 깥 외 | 친척내의 관계를 말 나타내는 종 |

姨母	岳父	丈母	妻男	姻戚	戚族
이 모	악 부	장 모	처 남	인 척	척 족
어머니와 여형제 되는 분. ※ 자녀는 이종 4촌이고 이종형·이종제 등이 있음.	① 아내의 아버지. ② 빙장·장인·빙부·외구(外舅) 등의 별칭도 있음. ※ 사위는 서군(婿君)·외생(外甥).	① 아내의 어머니. ② 빙모·악모(岳母).	아내와 남형제 되는 분. ※ 수상 처남(手上妻男)과 수하 처남(手下妻男), 처형(妻兄)과 처제(妻弟).	외가와 처가에 딸린 겨레붙이. ※ 혼인(婚姻)으로 인하여 맺어진 친척(親戚).	인척의 별칭. 즉 외족과 처족 및 그에 딸린 일가붙이의 총칭.

姨	母	岳	父	丈	母	妻	男	姻	戚	戚	族
이모이	어머니모	큰산악	아비부	어른장	어머니모	아내처	사내남	혼인인	겨레척	겨레척	겨레족

故事成語
(고사성어)

신언서판
身言書判

① 사람이 갖추어야 할 네 가지 조건. 곧, 신수·말씨·문필(文筆)·판단력. ② 옛날부터 인물을 선택하던 네 가지 표준. ※ 신수：용모와 풍채.

結婚	華婚	華燭	賀客	祝儀	壽宴
결　혼	화　혼	화　촉	하　객	축　의	수　연
① 장가 들고 시집 가는 일. ② 혼인 관계를 맺음. ※ 결혼 기념일 ～5년(목혼)・15년(동혼)・25년(은혼)・50년(금혼)・60년(다이어먼드, 회혼)	결혼을 경사스럽게 일컫는 말. ※주로 신부측에 많이 쓰이는 말. 예 축(祝)～.	① 결혼의 예식. ② 혼의(婚儀). ③ 빛깔을 먹인 밀촉(密燭). ④ 결혼식 때 점촉(点燭)하는 일.	① 축하하는 손님. ② 결혼・회갑・축하식 따위에 참석하여 축하를 표하는 손님.	① 축하하는 의례. ② 축전(祝典). ③ 축하객이 부조하는 축의금의 뜻으로도 쓰임.	① 장수(長壽)를 축하하는 잔치. ② 회갑을 축하하는 잔치. ③ 수연(晬筵). ④ 수연장(壽宴場).

結	婚	華	婚	華	燭	賀	客	祝	儀	壽	宴
맺을 결	혼인할 혼	빛날 화	혼인할 혼	빛날 화	촛불 촉	하례할 하	손 객	축하할 축	거동의	목숨 수	잔치 연

名言金言 (명언금언)

❖ 인생에 있어서 으뜸가는 큰 일은 자기를 발견하는 것이며, 그러기 위해서 여러분은 때때로 고독 가운데서 심사숙고 할 필요가 있다. 〈난 센〉

故事成語 (고사성어)

십시일반
十匙一飯

열 사람이 한 술씩 보태면 한 사람 먹을 분량이 된다는 뜻. 여럿이 힘을 합하면 한 사람을 돕기 쉽다는 비유.

先人	忌祭	享祀	墓祀	陳設	焚香
선　인	기　제	향　사	묘　사	진　설	분　향
① 선친(先親). ② 앞 세대의 사람. ※ 반드시 작고한 아버지를 지칭함. 전 세기의 인간.	① 돌아가신 날 (기일)에 지내는 제사. ② 기제사. ※ 기제는 고조부모까지 관습상 뫼시고 있으며, 가장 큰 기제는 친기〈부모 제사를 말함〉임.	① 신령에게 정성을 들여 제사하는 의식. ② 주로 영당(影堂)·서원(書院)에서 뫼시는 제사를 향사라고 칭한다.	음력 10월 상달에 성묘하고 묘 앞에 지내는 제사. ※ 어느 문중(門中)에서는 기제를 뫼시는 조상을 제외한 묘에 대해서만 묘사〈시제〉를 지낸다.	제사나 잔치 때에 음식을 갖추어 상을 차려 놓음. ※ 제례법에 따르면 상에 차려 놓을 음식과 그 자리가 정해져 있음.	① 향을 피움. ② 조객(弔客)이 영위 앞에 꿇어 앉아 향을 피워 모사에 꽂고 재배를 올리는 것을 말한다.

先	人	忌	祭	享	祀	墓	祀	陳	設	焚	香
먼저 선	사람 인	기일(忌日) 기	제사 제	제사지낼 향	제사지낼 사	무덤 묘	제사지낼 사	벌일 진	베풀 설	불사를 분	향기 향

故事成語
(고사성어)

선견지명
先見之明　　일을 미리 짐작하는 밝은 지혜.

慶　　弔 ③

位牌	紙榜	宗家	胄孫	入祭	逝去
위　패	지　방	종　가	주　손	입　재	서　거
① 신위로 뫼시는 박달 나무 조각. ② 단(檀)·묘(廟)·원(院)·사(寺)·당(堂)에 뫼시는 신주(神主)의 이름을 적은 나무. ㉑ 위판(位板).	종이 조각에 써서 만든 신주. ※위패 대신 임시로 만든 신주(사당이 없는 가정).	① 한 씨족의 근본되는 집. ② 큰 집. ③ 한 종족의 장자(長子)로 이어 가는 맏집.	① 한 씨족중 작은 갈래의 맏손. ② 족보의 어느 한파에 속하는 종족중, 작은 갈래로서 10 대 이내의 제일 맏집의 적장자.	① 제사를 뫼시는 밤 앞의 날. ② 제수(祭需)를 준비하여 장만하고 제사에 필요한 모든 절차를 완료하여 제사에 임하는 날.	① 사거(死去). ② 사망(死亡). ③ '죽음'의 높임말. ④ 사별(死別). ⑤ 생명 기능의 정지. ※ 왕자의 서거. 대신의 서거.

位牌	紙榜	宗家	胄孫	入祭	逝去
자리 위	신주 패	종이 지	방 방	마루 종	집 가	투구 주	손자 손	들 입	제사 제	죽을(갈) 서	갈 거

名言金言 (명언금언)	◇ 인간의 최대의 가치는, 인간이 외계에 가능한 한 좌우되지 아니하고, 이것을 가능한 한 좌우하는 데 있다. 〈괴에테 「빌헬름 마이스터」〉
故事成語 (고사성어)	선공후사 先公後私　공을 먼저 하고 사는 뒤로 함. 공사(公事)는 먼저 하고 사사(私事)는 나중에 함.

魂魄	殯所	鳴咽	痛哭	弔客	護喪
혼　백	빈　소	오　열	통　곡	조　객	호　상
① 넋. ② 혼. ③ 정신. ④ 얼. ⑤ 영혼. ⑥ 존령. ※인간이 죽은 후에 남는 무형(無形)의 상징.	① 발인 때까지 관을 머물러 두는 곳. ② 빈전(殯殿) ~높임말. 왕이나 왕비의 관을 두던 곳. ※여막(廬幕)과 구별.	①목이 메어 욺. ②숨이 막힐 정도의 슬픈 울음. 예너무나 슬퍼 오열에 잠기었다.	① 소리를 높여 슬피 욺. ②통곡 (慟哭). ※ 사람으로서 가장 슬플 때 우는 모습. 피 눈물을 흘릴 때.	① 조상(弔喪)하는 손님. ②문상객. ③ 상사(喪事)를 당했을 때 문상(問喪) 오는 손님.	① 초상에 관한 모든 일을 주선함, 또는 주선하는 사람. ② 호상 차지 (護喪次知). ③당상(當喪)부터 인산(因山)까지의 총 지휘자.

魂	魄	殯	所	鳴	咽	痛	哭	弔	客	護	喪
넋(혼) 혼	넋 백	빈소 빈	곳 소	탄식할 오	목멜 열	원통할 통	울 곡	조상할 조	손 객	도울 호	초상 상

名言金言 (명언금언)	◇ 화복(禍福)에는 따로이 문이 없다. 사람이 이를 불러들이는 것이다. (禍福에 定해진 門이 있는 것이 아니라, 사람의 마음가짐과 行實로 그것을 맞이하게 된다는 뜻)　〈春秋左氏傳〉
故事成語 (고사성어)	언중유골 言中有骨　　예사로운 말 속에 단단한 속뜻이 들어 있다는 말.

慶　弔⑤

發靷	襄禮	賻助	碑銘	墓碣	先塋
발　인	양　례	부　조	비　명	묘　갈	선　영
① 상여의 줄을 끌고 메고 떠나는 의식. ② 빈소에서 운상(運喪)으로 옮기는 사이의 의식. 예 ~축(祝). ※ 관을 상여에 옮기는 과정.	① 장례. ② 관을 빈소에서 상여로 옮겨 운상하여 장지에 이르러 하관을 한 후 매장을 마치고 반혼하는 과정의 행사를 일컬음.	① 잔칫집이나 상가에 물건이나 돈으로 도와 줌. ※ 서로 상부 상조하는 정신으로 행하여 온 미풍 양속의 하나.	① 비면에 새긴 글. ② 망인(亡人)의 인적 사항·관직·공적 등을 길이 남기기 위하여 새긴 비문.	① 묘 앞의 작은 비. ② 높이 4척이상을 묘갈이라 하고 그 이하는 표석이라 함. 갓은 규격 외의 것임.	① 조상의 무덤. 선산(先山). 선묘(先墓). 선농(先壟). ② 조상의 무덤이 있는 산.

떠날 발	가슴걸이 인	장사지낼 양	예도 례	부의(賻儀) 부	도울 조	비석 비	새길 명	무덤 묘	비석 갈	먼저 선	무덤 영

干支	甲乙	丙丁	戊己	庚辛	壬癸
간 지	갑 을	병 정	무 기	경 신	임 계
천간(天干)과 지지(地支). 십간(十干)과 십이지(十二支). 지간(支干). 육십 갑자(六十甲子)의 위와 아래의 단위(單位).	五行의 木에 해당되며 十數(십수)로는 3·8, 계절로는 봄을 나타냄. 甲은 양중양 乙은 양중음.	五行의 火에 해당되며 十數로는 2·7, 계절로는 여름을 나타냄. 丙은 양중양 丁은 양중음.	五行의 土에 해당되며 十數로는 5·10, 계절로는 四季(사계), 土用(토용)을 나타냄. 戊는 양중양 己는 양중음.	五行의 金에 해당되며 十數로는 4·9, 계절로는 가을을 나타냄. 庚은 양중양 辛은 양중음.	五行의 水에 해당되며 十數로는 1·6, 계절로는 겨울을 나타냄. 壬은 양중양 癸는 양중음.

干	支	甲	乙	丙	丁	戊	己	庚	辛	壬	癸
천간(天干) 간	지지(地支) 지	첫째 천간 갑	둘째 천간 을	세째 천간 병	네째 천간 정	다섯째 천간 무	여섯째 천간 기	일곱째 천간 경	여덟째 천간 신	아홉째 천간 임	열째 천간 계

故事成語
(고사성어)

권선징악
勸善懲惡　　착한 일을 권장하고 악한 일을 징계함.

子丑 寅卯 辰巳 午未 申酉 戌亥

자 축	인 묘	진 사	오 미	신 유	술 해

地支	五行	十數	계절(절)
子	水	1·6	겨울
丑	土	5·10	사계토용
寅	木	3·8	봄
卯	木	3·8	봄
辰	土	5·10	사계토용
巳	火	2·7	여름
午	火	2·7	여름
未	土	5·10	사계토용
申	金	4·9	가을
酉	金	4·9	가을
戌	土	5·10	사계토용
亥	水	1·6	겨울

地支	달	시각	띠	방위
子	11월	23시-1시	쥐	정북
丑	12월	1시-3시	소	북동북
寅	1월	3시-5시	범	동북동
卯	2월	5시-7시	토끼	정동
辰	3월	7시-9시	용	동남동
巳	4월	9시-11시	뱀	남동남
午	5월	11시-13시	말	정남
未	6월	13시-15시	양	남서남
申	7월	15시-17시	잔나비	서남서
酉	8월	17시-19시	닭	정서
戌	9월	19시-21시	개	서북서
亥	10월	21시-23시	돼지	북서북

子丑 寅卯 辰巳 午未 申酉 戌亥

첫째 지지 자	둘째 지지 축	세째 지지 인	네째 지지 묘	다섯째 지지 진	여섯째 지지 사	일곱째 지지 오	여덟째 지지 미	아홉째 지지 신	열째 지지 유	열한째 지지 술	열두째 지지 해

名言金言 (명언금언)

◆ 목적 없이는 행동하지 말라. 처세를 위한 바르고 훌륭한 원칙이 명하는 데 따라서 행동하는 이외의 어떠한 행위도 하지 말라. 〈마르쿠스 아우렐리우스「自省錄」〉

故事成語 (고사성어)

이란투석 以卵投石 — 알로 돌을 친다는 말로, 당할 수 없거나, 번번히 실패함을 가리키는 말.

立春	雨水	驚蟄	春分	淸明	穀雨
입 춘	우 수	경 칩	춘 분	청 명	곡 우
봄 기운이 일어 나는 2월 4,5일경. 24절기의 하나로 대한(大寒) 후 약 15일째이며, 태양의 황경이 315°인 때.	눈을 녹일 봄비 가 내리는 2월 19, 20일경. 24절기의 하나로 입춘(立春) 후 약 15일째이며, 태양의 황경이 330° 인 때.	모든 벌레나 동물들이 동면에서 깨어나 활동하기 시작하는 3월 6, 7일경. 24절기의 하나로 우수(雨水) 후 약 15일째이며, 태양의 황경이 345° 인 때.	완연한 봄 날씨의 3월 21, 22일경. 24절기의 하나로 경칩(驚蟄) 후 약 15일째이며, 밤 낮의 길이가 같다. 그리고 태양이 적도의 남쪽에서 북쪽으로 통과하는 점. 태양력의 1년 시작의 기점임.	따뜻하고 청명한 동남풍이 부는 4월 5,6일경, 24절기의 하나로 춘분(春分) 후 약 15일째이며, 태양의 황경이 15° 인 때.	봄비로 오곡이 성장하는 4월 20, 21일경. 24절기의 하나로 청명(淸明) 후 약 15일째이며, 태양의 황경이 30°인 때.

立	春	雨	水	驚	蟄	春	分	淸	明	穀	雨
설 립	봄 춘	비 우	물 수	놀랄 경	겨울잠 잘 칩	봄 춘	나눌 분	맑을 청	밝을 명	곡식 곡	비 우

故事成語
(고사성어)

군자삼락
君子三樂

맹자(孟子)가 말한 군자의 세 가지 즐거움. 곧 부모가 살아 계시며 형제가 무고한 것, 하늘과 사람에 부끄러움이 없는 것, 천하의 영재(英才)를 얻어 교육하는 것이라 했음.

節　候 ②

立夏	小滿	芒種	夏至	小暑	大暑
입　하	소　만	망　종	하　지	소　서	대　서
여름 기운이 일어나는 5월 5,6일경. 24절기의 하나로 곡우(穀雨) 후 약 15일째이며, 태양의 황경이 45°인 때.	만물이 꽉 차게 힘찬 활동을 시작하는 5월 20,21일경. 24절기의 하나로 입하(立夏) 후 약 15일째이며, 태양의 황경이 60°인 때.	보리가 익어 추수하게 되는 6월 5,6일경. 24절기의 하나로 소만(小滿) 후 약 15일째이며, 태양의 황경이 75°인 때. 斗星(두성)이 酉方(유방) 즉 서쪽을 가리킬 때.	태양이 북회귀선을 바로 비추는 1년중 낮이 가장 긴 6월 21,22일경. 24절기의 하나로 망종(芒種) 후 약 15일째이며, 태양의 황경이 90°인 때.	본격적인 여름 더위가 시작되는 7월6, 7일경. 24절기의 하나로 하지(夏至)후 약 15일째이며, 태양의 황경이 105°인 때.	1년중 가장 더운 7월 21,22일경. 24절기의 하나로 소서(小暑) 후 약 15일째이며, 태양의 황경이 120°인 때.

立	夏	小	滿	芒	種	夏	至	小	暑	大	暑
설 립	여름 하	작을 소	찰 만	까끄라기 망	씨 종	여름 하	이를 지	작을 소	더울 서	큰 대	더울 서

名言金言	◇ 우리들이 예측하는 일이 터져 일어나는 일은 거의 없고, 우리들이 거의 예측하거나
(명언금언)	기대하지도 않은 사태가 일반적으로 발생한다. 〈디즈레일리「헨리에타 聖書」〉
故事成語 (고사성어)	유구무언 有口無言　입은 있으나 말이 없다는 뜻으로, 변명할 말이 없거나 변명을 못함을 이름.

立秋	處暑	白露	秋分	寒露	霜降
입 추	처 서	백 로	추 분	한 로	상 강
가을 기운이 일어나는 8월 7,8일경. 24절기의 하나로 대서(大暑) 후 약 15일째이며, 태양의 황경이 135°인 때.	궂은 가을비가 내리고 조석의 공기가 서늘하여지는 8월 22, 23일경. 24절기의 하나로 입추(立秋) 후 약 15일째이며, 태양의 황경이 150°인 때.	찬 기운이 느껴지는 아침에 흰 이슬이 맺히는 9월 6, 7일경. 24절기의 하나로 처서(處暑) 후 약 15일째이며, 태양의 황경이 165°인 때.	오곡이 결실하는 추수기로 9월 22,23일경. 24절기의 하나로 백로(白露) 후 약 15일째이며, 태양의 황경이 180°인 때. 즉 태양이 적도의 북쪽에서 남쪽으로 넘어가는 점. 밤 낮의 길이가 같다.	날씨가 점점 차가와지고 초목에 찬 이슬이 맺히는 10월 7, 8일경. 24절기의 하나로 추분(秋分) 후 약 15일째이며, 태양의 황경이195°인 때.	찬 서리가 내리고 단풍이 물드는 10월 23, 24일경. 24절기의 하나로 한로(寒露) 후 약 15일째이며, 태양의 황경이 210°인 때.

名言金言 (명언금언)	◇ 기회는 얻기 어렵고 잃기 쉽다. 〈司馬遷 「史記」〉
	◇ 기회가 두 번씩이나 문을 두드린다고는 생각하지 말라. 〈상포올 「格言의 考察」〉

故事成語 (고사성어)	문방사우 文房四友	문방에 꼭 있어야 할 네 벗. 곧 종이·붓·먹·벼루.

節　　候 ④

立冬	小雪	大雪	冬至	小寒	大寒
입 동	소 설	대 설	동 지	소 한	대 한
겨울 기운이 느껴지는 11월 7,8일경. 24절기의 하나로 상강(霜降) 후 약 15일째이며, 태양의 황경이 225°인 때.	북서풍이 점차 세게 불기 시작하며 눈발이 날리기 시작하는 11월 22,23일경. 24절기의 하나로 입동(立冬) 후 약 15일째이며, 태양의 황경이 240°인 때.	기온이 몹시 내려가며 눈도 자주 오는 12월 6,7일경. 24절기의 하나로 소설(小雪) 후 약 15일째이며, 태양의 황경이 255°인 때.	태양이 남회귀선을 바로 비추는 1년중 밤이 가장 긴 12월 21,22일경.24절기의 하나로 대설(大雪) 후 약 15일째이며, 태양의 황경이 270°인 때.	눈이 쌓이고 매서운 북풍이 몰아치는 1월 5,6일경. 24절기의 하나로 동지(冬至) 후 약 15일째이며, 태양의 황경이 285°인 때.	북서풍이 강하게 몰아치고 혹한이 계속되는 1월 21,22일경. 24절기의 하나로 소한(小寒) 후 약 15일째이며, 태양의 황경이 300°인 때. 이때부터 약 15일후에 입춘이 되풀이 다가온다.
立冬	小雪	大雪	冬至	小寒	大寒
설 립	겨울 동	작을 소	눈 설	큰 대	눈 설	겨울 동	이를 지	작을 소	찰 한	큰 대	찰 한

故事成語
(고사성어)

구상유취
口尚乳臭

입에서 아직 젖내가 난다는 뜻으로 언어와 행동이 유치함을 일컬음. 치발불급(齒髮不及).

營農	春耕	基肥	麥播	追肥	麥秋
영 농	춘 경	기 비	맥 파	추 비	맥 추
농업을 경영함. 농사짓기. ※ 규모에는 광농(廣農)·세농(細農)·기계영농(機械營農) 등이 있음.	①봄의 밭갈이 또는 논갈이. ②겨울 동안 굳었던 땅에 공기를 섞기 위하여 하는 중경(中耕).	①밑거름.②곡식의 파종을 하기 전에 논밭을 갈때 넣는 거름. ㉫추비(追肥).	가을 또는 봄의 보리갈이. ※맥파에는 점(点) 파종·줄(條) 파종·망 파종 등이 있음.	농작물의 파종 또는 이식 후 다시 주는 거름. 웃거름. ㉫基肥(기비). ※추비는 1·2·3차 등 여러 차례 있음.	① 보리가 익는 계절. ② 보릿가을. ③ 24절기 중 망종 때를 뜻함.

營	農	春	耕	基	肥	麥	播	追	肥	麥	秋
경영할 영	농사 농	봄 춘	밭갈 경	바탕 기	거름 비	보리 맥	씨뿌릴 파	따를 추	거름 비	보리 맥	가을 추

名言金言 (명언금언)	◆ 군자는 곤궁한 처지에 빠져도 마음이 흔들리지 않는다. 소인은 곤궁하게 되면 마음이 제 멋대로 흔들린다. 〈孔子「論語 衛靈公 篇」〉
故事成語 (고사성어)	명실상부 名實相符 이름과 실제가 딱 들어 맞음. 이름 그대로임.

保溫	消毒	播種	農藥	水利	移秧
보 온	소 독	파 종	농 약	수 리	이 앙

保溫	消毒	播種	農藥	水利	移秧
일정한 온도를 잃지 않도록 간직함. ※ 온실(溫室)·온상(溫床)·비닐 하우스 등 여러 가지 방법이 있음.	햇빛, 열, 자외선, 약품 따위를 써서 전염될 병균을 박멸시키는 일. ※ 약품으로는 알코올·포르마린·크레졸·염소·생석회 등.	논밭에 씨앗을 뿌리는 일. ⑪ 낙종(落種). ※ 방법으로는 산파(散播)·조파(條播)·점파(点播) 등.	① 농산물의 병충해를 구제하는 데 쓰는 약품. ② 가축의 병충해를 구제하는 데 쓰는 약품.	① 수상(水上) 운반의 편리. ② 물을 이용하여 논밭을 관개(灌漑)함. ⑩ ~안전답. ~불안전답.	모를 심는 일. 모내기. ⑩ ~가(歌). ※ 일정한 규정의 정조식(正條植)이 가장 효과적임.

保	溫	消	毒	播	種	農	藥	水	利	移	秧
보호할 보	따뜻할 온	사라질 소	독 독	씨뿌릴 파	심을 종	농사 농	약 약	물 수	이로울 리	모낼 이	모 앙

◆ 자기의 빵을 눈물을 흘리면서 먹어 보지 아니한 사람, 근심으로 가득한 밤에 자기 잠자리에서 울어 보지 아니한 사람은 너 자신을 모른다. 더우기 하늘의 힘을……
〈괴 에 테〉

故事成語
(고사성어)

거 안 사 위
居安思危
안락한 경우에 있을 때 위태로움(어려움)을 생각하며 정신을 가다듬음.

除草	秋收	脱穀	乾燥	收買	深耕
제　초	추　수	탈　곡	건　조	수　매	심　경
잡초를 뽑아 없앰. ※ 지금은 제초약을 써서 잡초를 없애고 있음.	① 가을에 익은 곡식을 거두어 들이는 일. ② 가을 걷이. ③ 추확(秋穫). 예~ 감사절(感謝節).	① 곡식의 이삭에서 낟알을 떨어냄. ② 낟알에서 겉겨를 떨어냄. ③ 마당질. 예 ~기 (機).	① 물이나 습기가 없어짐. ② 물체의 습기가 발산·감소 또는 제거되는 현상. ※ 고온·저습·강풍이 필요함.	① 정부에서 일정한 가격으로 사들이는 것. ② 매상(買上). 예 추곡·하곡 ~.	땅〈논밭〉을 깊이 갊. ※ 깊이 7치 이상이 심경임. 식물 성장에 효과가 큼.

除草		秋收		脱穀		乾燥		收買		深耕	
버릴 제	풀 초	가을 추	거둘 수	벗을 탈	곡식 곡	마를 건	마를 조	거둘 수	살 매	깊을 심	밭갈 경

名言金言
（명언금언）

◆ 인간이 자기의 육체적·도덕적 건강 상태를 점검해 보면, 거의 언제나 자기 자신이 병들어 있음을 발견하게 된다. 〈괴에테 「散文 金言集」〉

故事成語
（고사성어）

오월동주　서로 적의(敵意)를 품은 자들이 같은 처지나 한 자리에 놓임을 가
吳越同舟　리키는 말.

出 勤	執 務	退 廳	洗 手	日 記	就 寢
출 근	집 무	퇴 청	세 수	일 기	취 침
① 일터로 근무하러 나감. ② 관공서에 근무하러 나감. ⑪ 결근(缺勤)·퇴근(退勤).	① 사무를 맡아 봄. ② 근무. 예 ~시간. ⑪ 휴무(休務).	① 관청에서 근무를 마치고 물러 나옴. ② 회사, 관청에서 일을 마치고 물러감. ⑪ 등청(登廳).	본래는 손을 씻는다는 뜻이었으나 지금은 낯을 씻는다는 뜻으로 쓰임. ⑪ 세안(洗顔).	① 날마다 있던 사실 또는 느낌같은 것을 적은 기록. ② 일지(日誌).	① 잠자리에 듦. ② 취면(就眠). ③ 밤에. 잠자리에서 잠을 잠. ⑪ 기침(起寢).

出	勤	執	務	退	廳	洗	手	日	記	就	寢
나 갈 출	근무할 근	잡 을 집	일 무	물러날 퇴	관 청 청	씻 을 세	손 수	날 일	기록할 기	나아갈 취	잠 잘 침

名言金言 (명언금언)
◆ 행복은 세계의 리듬의 한 순간이며, 삶이라는 시계추가 오가는 양극(兩極)의 한쪽 편이다. 그 시계추를 한쪽편에만 머물게 하려면, 그것을 파괴할 수 밖에 없다. 〈롤랑〉

故事成語 (고사성어)
수신제가
修身齊家
심신(心身)을 닦고 집안을 다스리는 일.

博愛	讚頌	救主	天堂	地獄	慈悲
박 애	찬 송	구 주	천 당	지 옥	자 비
① 모든 사람을 평등하게 다 같이 사랑함. ② 인종·종교·지위 따위에 관계 없이 평등하게 사랑함.	① 덕을 찬미하여 말하며 기림. ② 예수교에서 하느님의 덕을 찬미하는 것.	① 구세주. ② 예수 그리스도. ③ 인류를 구제할 사람. ④ 상제(上帝)의 독생 성자(獨生聖者)가 개인에게는 구주가 되고 만민에게는 구세주가 된다 함.	① 하늘 위에 있다는 신의 전당. ② 죄를 씻은 영혼이 죽은 뒤에 간다는 곳. ③ 천신(天神)·성인이 만복을 누리는 곳. ④ 천국.	현세에서 죄악을 범한 사람이 사후에 가서 고통을 받는다는 암흑세계. 凹 천당.	① 사랑하고 불쌍히 여김. ② 보살이 중생에게 복을 주시어 피로움을 없앰. ※ 불교의 진리.
博愛	讚頌	救主	天堂	地獄	慈悲
넓을 박 / 사랑할 애	기릴 찬 / 칭송할 송	구원할 구 / 주인 주	하늘 천 / 집 당	땅 지 / 옥(감옥) 옥	사랑 자 / 슬플 비

博	愛	讚	頌	救	主	天	堂	地	獄	慈	悲

名言金言
(명언금언)

◆ 최상의 행복은, 한 해가 끝날 즈음에 그 해 연초보다 지금의 내가 더욱더 낫게 되었다고 느낄 때이다. 〈톨스토이 「讀書의 바퀴」〉

故事成語
(고사성어)

애지중지
愛之重之　　매우 사랑하고 귀중히 여김.

坐禪	俗世	寺刹	煩惱	佛心	念佛
좌 선	속 세	사 찰	번 뇌	불 심	염 불
부좌하여 잡념을 버리고 오직 한 대상에만 집중하여 무념 무상의 상태에 들어가는 수행.	① 속된 세상. ② 신앙이나 선경의 세계에 대하여 이 세상을 일컫는 말. ③ 인간이 살고 있는 세상.	① 절. ② 암자. ③ 불상(佛像)을 모시고 불도(佛道)를 닦는 곳. ㉑ 사원(寺院), 불찰(佛刹).	① 마음이 시달려 괴로움. ② 중생의 몸과 마음을 괴롭히는 정신 작용. ※ 구십팔 수면과 십전을 합하여 백팔 번뇌라 함.	① 자비스러운 부처의 마음. ② 깊이 깨달아 속세의 번뇌에 흐려지지 않는 마음.	① 서방 극락 왕생을 바라 아미타 불을 생각하여 부르는 일. ② 부처의 모습을 생각하고, 그 공덕을 감사하면서 명호(名號)를 외는 일.

坐 禪	俗 世	寺 刹	煩 惱	佛 心	念 佛
앉을 좌 / 좌선할 선	속될 속 / 세상 세	절 사 / 절 찰	번거로울 번 / 괴로와할 뇌	부처 불 / 마음 심	생각 념 / 부처 불

故事成語 (고사성어) 신상필벌 信賞必罰 상을 줄 만한 훈공(勳功)이 있는 자에게는 반드시 상을 주고, 벌할 죄과(罪科)가 있는 자에게는 반드시 벌을 주는 일.

僧侶	輪廻	極樂	釋迦	大乘	儒教
승 려	윤 회	극 락	석 가	대 승	유 교
① 중(스님). ② 불도를 닦는 사람. ③ 대화상(大和尙). 예 ~문학(文學).	① 차례로 돌아감. ② 중생(衆生)이 성도 수업(聖道修業)의 결과 해탈(解脫)을 얻기까지 번뇌·유견·업 등으로 생사를 거듭하는 일.	① 극히 안락함. ② 극락 세계.③ 아미타불의 정토(淨土). ④ 변이·성쇠· 싸움·지옥·아귀·축생이 없고 불한 불열(不寒不熱)의 전당.	① 석가모니. ② 불교의 교조. ③ 일명 실달. 가비라성 정반왕의 태자. 득도후 응신불이 됨.	널리 인간의 전반적 구제를 목표로 한 교법을 주장하고 그것이 열반으로의 진실한 대도라고 하는 교파.	인(仁)을 근본으로하는 정치·도덕의 실천을 주장한 유학의 가르침. 경천(敬天)·숭조(崇祖)·효도(孝道)의 사상. ※공자의 가르침.

僧	侶	輪	廻	極	樂	釋	迦	大	乘	儒	教
중 승	짝 려	바퀴 륜	돌 회	지극할 극	즐길 락	부처 석	부처이름 가	큰 대	탈 승	선비 유	가르칠 교

名言金言 (명언금언)	◇ 현세의 행복은, 그것이 찾아올 때는 전혀 우연하게 온다. 행복을 추구한다는 것은, 기러기를 뒤쫓는 것처럼 결코 손에 잡을 수가 없다. 〈호오도온 「日記」〉
故事成語 (고사성어)	시종일관 始終一貫　　처음부터 끝까지 한결같이 관철(貫徹)함.

回教	天道教	大倧教	巫堂	占卦
회 교	천 도 교	대 종 교	무 당	점 괘
① 회회교. 모하메드의 가르침. ② 알라신 신앙, 코란 신봉, 계율 중시, 우상 숭배 배척의 교. 3대 종교의 하나.	수운 최제우를 교조로 하는 종교. ※ 동학(東學). 하늘과 사람이 합일〈人乃天〉하는 것을 목적으로 함. 성도교(聖道敎).	단군 왕검을 비롯한 삼신(환인·환웅·환검)을 신앙하려는 사상. ※ 환검은 단군 왕검을 가리킴.	신과 인간의 중개 역할을 한다하여 길흉을 점치고 굿을 하는 여자. ⒝ 무녀(巫女).	팔괘(八卦), 육효(六爻), 오행(五行) 따위로 좋고 그름을 미리 판단하는 일. ※ 64괘(卦).

回教	天道教	大倧教	巫堂	占卦
돌아올 회 / 가르칠 교	하늘 천 / 도리 도 / 가르칠 교	큰 대 / 신인(上古神人) 종 / 가르칠 교	무당 무 / 집 당	점칠 점 / 점괘 괘

◇ 행복이 가져다 주는 부(富)나 순경(順境)은 솔직하게 받아들여라. 단 그것을 놓아 주어야 할 때는 망설이지 말고 미련도 없어야 한다. 〈마르쿠스 아우렐리우스〉

故事成語 (고사성어)
교언영색 巧言令色 남의 환심을 사기 위해 아첨하는 교묘한 말과 보기 좋게 꾸미는 얼굴 빛.

易理	四柱	觀相	五行	相生	相剋
역 리	사 주	관 상	오 행	상 생	상 극
① 주역의 이치. ② 우주·음양·삼라만상(森羅萬象)의 원리. ③ 주(周)나라의 역학(易學).	운수를 점치는 자료가 되는 생년(生年), 월(月), 일(日), 시(時)를 가리키며, 사성(四星)이라고도 함.	① 사람의 상(相)을 보고 재수나 운명을 판단하는 일. ② 안면·골격·수족 등의 형상·빛깔·사마귀·반문 등을 관찰, 그 사람의 수명·질병·빈부·귀천·현우·궁통·화복·자손·영고·득실 등을 판단, 예시하는 일.	음양학에서 일컫는 우주간의 다섯 원기. 곧 금(金)·수(水)·목(木)·화(火)·토(土)를 말함.	오행설에 있어서, 쇠〈金〉에서 물이, 물〈水〉에서 나무가, 나무〈木〉에서 불이, 불〈火〉에서 흙이, 흙〈土〉에서 쇠가 생겨남을 이름. ⍃ 상극(相剋).	오행설에 있어서, 쇠〈金〉는 나무를, 나무〈木〉는 흙을, 흙〈土〉은 물을, 물〈水〉은 불을, 불〈火〉은 쇠를 이김을 말함. ⍃ 상생(相生).

（習字 연습란）

名言金言 (명언금언)	❖ 아아, 인간이여. 행복은 마음 속에 있거늘 어찌하여 그대는 밖에서 찾는고? 〈보에티우스「哲學의 慰安」〉
故事成語 (고사성어)	괄목상대 刮目相對 괄목하고 대면함. 남의 학식이 부쩍 는 것을 놀라 쓰는 말.

13. 一般 社會 ①

新正	元宵	上巳	釋誕	端午	流頭
신 정	원 소	상 사	석 탄	단 오	유 두
① 새해의 정월. ② 새해의 처음. ③ 양력 설날 즉 1월 1일. ※ 구정에 대하여 붙여진 이름. ㊜ ~연휴(連休). ◎ 명절.	음력 정월 보름날 밤. ※ 달 구경. 신라 소지왕(炤智王) 때의 서출지(書出池)의 일화에서 유래.	① 음력 삼월 초사흗날. ② 삼짇날. ※ 강남(江南) 갔던 제비가 돌아 온다는 날.	① 석가모니가 탄생한 날. ② 음력 사월 초파일. ※ 자비(慈悲)로써 중생(衆生)을 구제한다는 불교를 창시한 석가를 기림.	① 음력 오월 초닷샛날. ② 천중절. ③ 수릿날. ※ 창포물에 미역 감음. 남자는 씨름, 여자는 그네 뛰기 등으로 즐김. ※ 명절의 하나.	음력 유월 보름날. ※ 동해로 흐르는 물에 머리 감기·몸 씻기·음수 등으로 시원하게 지내면 액을 면하고 더위를 먹지 않는다고 함.

(쓰기 연습 칸)

名言金言
(명언금언)

◇ 이것 봐. 저게 우리들이 찾아 다닌 파랑새란다. 우리들은 무척 먼 곳까지 찾아 헤맸지만, 사실은 언제나 여기에 있었구나. 〈마아테를링크「파랑새」〉

故事成語
(고사성어)

아전인수
我田引水　　제 논에 물대기. 자기에게 이로울 대로만 함.

七夕	秋夕	重陽	冬至	臘享	人倫
칠 석	추 석	중 양	동 지	납 향	인 륜
음력 칠월 초이랫날 밤. ※ 오작교에서 1년에 1번 견우직녀가 만난다는 날. 이 날을 지나면 까치의 머리가 벗겨져 희게 보임.	①음력 팔월 보름날. ②한가위. ③가배(嘉俳). ※조상 산소 성묘·신곡으로 조상 제사 뫼시기. 신라 때부터의 명절.	음력 구월 구일. ※ 풍국(楓菊) 놀이 ~시인(詩人)·묵객(墨客)들이 술잔에 황국(黃菊)을 피워 마시며 작시(作詩)·음시(吟詩)·그림 그리기 등을 하던 날.	24절기의 하나. 양력 12월 22~23일 경. 낮이 가장 짧고 밤이 가장 긴 날. 팥죽을 끓이는 날. ※ 아세(亞歲), 작은 설이라고 하여 나이를 1살 더 먹는다고 하는 날.	납일에 일년 동안의 농사 형편이나 그 밖의 일을 고하는 제사. ※이조에서는 동지 후 제3 미일(未日)을 납일로 정함. 이 외에도 한식(寒食)·백중(百中) 등이 있음.	사람이 지켜야 할 떳떳한 도리. ※ 5륜 ~군신유의(君臣有義)·부자유친(父子有親)·부부유별(夫婦有別)·장유유서(長幼有序)·붕우유신(朋友有信).

七	夕	秋	夕	重	陽	冬	至	臘	享	人	倫
일곱 **칠**	저녁 **석**	가을 **추**	저녁 **석**	거듭할 **중**	볕 **양**	겨울 **동**	이를 **지**	납향 **랍**	제사지낼 **향**	사람 **인**	인륜 **륜**

七 夕 秋 夕 重 陽 冬 至 臘 享 人 倫

名言金言 (명언금언)	◆ 인간은 행복보다도 불행한 편이 두 배나 많다. 〈호메로스「오뒤세이아」〉
	◆ 불행은 행복 위에 서 있고, 행복은 불행 위에 누워 있다. 〈老 子〉
故事成語 (고사성어)	안빈낙도 安貧樂道 구차하고 가난한 중에서도 편안한 마음으로 도(道)를 즐김.

節義	松竹	孝子	孝婦	烈女	義理
절 의	송 죽	효 자	효 부	열 녀	의 리
①절개와 의리. ②의절(義節).※삼은(三隱)·사육신(死六臣)·생육신(生六臣)·삼학사(三學士)·동두문동칠십이현(東杜門洞72賢)·서두문동 사십팔사(西杜門洞48士) 등.	①소나무와 대나무. ②절개를 말할 때 쓰는 말. 즉 곧은 성질. 예 송죽매란(松竹梅蘭).	부모를 극진히 잘 모시는 아들. ※출천 대효(出天大孝). 효(孝)는 인간의 근본임. 반 불효자(不孝子).	시부모를 지극히 잘 모시는 며느리. ※효자·효부·열녀의 가문에서 충신·효사가 많이 배출되었음. 정문(旌門).	남편에 대한 절개와 정조가 지극히 굳은 아내. 비 열부(烈婦). 의부(義婦). 반 악부(惡婦)·요부(妖婦).	①사람으로서 지켜야 할 바른 길. ②서로 사귀는 도리. ③겨레붙이 아닌 사람이 겨레붙이와 관계를 맺음.

節	義	松	竹	孝	子	孝	婦	烈	女	義	理
절개 절	의리 의	솔(소나무) 송	대나무 죽	효도 효	아들 자	효도 효	며느리 부	절개 굳을 렬	여자 녀	의리 의	도리 리

忠臣	訪問	人事	對坐	通話	通譯
충 신	방 문	인 사	대 좌	통 화	통 역

忠臣	訪問	人事	對坐	通話	通譯
① 충절을 다하여 섬기는 신하. ② 목숨을 바쳐 임금에게 충성을 다하는 신하. 凰 역신(逆臣).	① 남을 찾아 봄. ② 다른 사람의 집을 찾아 감. ※ 직접 찾아 뵙는 것.	① 안부를 묻는 예를 표하는 일. ② 초면에 성명을 통하여 자기를 소개하는 일. ③ 개인 신분에 관계되는 행정적인 일. 예 ~소송. ~발령.	① 마주 앉음. ② 회의나 협의를 하기 위하여 좌석에 마주 자리를 잡는 것.	① 전화로 말을 서로 통함. ② 서로 말을 트는 것. 예 ~방법. ~내용. ~회수.	서로 말이 통하지 않는 사람 사이에서 서로의 뜻을 전하여 주는 일. 凰 통변(通辯). 통사(通事). ※ 주로 언어가 다른 외국인 사이.

忠	臣	訪	問	人	事	對	坐	通	話	通	譯
충성 충	신하 신	찾을 방	물을 문	사람 인	일 사	마주볼 대	앉을 좌	통할 통	말할 화	통할 통	통역할 역

❖ 주름살과 더불어 품위가 갖추어지면 존경을 받는다. 복된 노인에게는 이루 다 표현할 수 없는 여명(黎明)이 비친다. 〈위고「레미제라블」〉

故事成語
(고사성어)

이심전심
以心傳心
말이나 글에 의하지 아니하고 마음에서 마음으로 전달함. 심심 상인 (心心相印).

問議	協議	付託	禽獸	雌雄	犬馬
문 의	협 의	부 탁	금 수	자 웅	견 마
①물어 보고 의논함. ②질문하면서 협의함. 🔃상의(相議). 수의(隨意). 🗒~사항(事項).	①서로 상의함. ②서로 논의함. 🔃협상(協商). ※서로가 수의한다는 뜻. 🗒~사항. ~안건. ~항목. ~대상.	①남에게 일을 당부하여 맡김. ②남에게 말로써 청탁하는 것. ※앙탁(仰託). 고탁(顧託).	①모든 짐승. ②날짐승과 길짐승. ③의리나 은혜를 모르는 사람. 🗒~만도 못하다.	①암컷과 수컷. ②강약·승부에 대한 비유. ③짐승의 한 쌍. ※자(雌)는 암컷이고 웅(雄)은 수컷임.	①개와 말. ②저에게 따르는 것을 낮추어 이르는 말. 🗒~지로(之勞). ※심복의 뜻도 지님.
問議	協議	付託	禽獸	雌雄	犬馬

물을 문	의논할 의	힘을 합할 협	의논할 의	청할 부	부탁할 탁	날짐승 금	길짐승 수	암컷 자	수컷 웅	개 견	말 마

故事成語
(고사성어)
발본색원
拔本塞源   폐단의 근원(根源)을 아주 뽑아서 없애 버림.

猛虎	走狗	牛步	羊毛	白鷗	孔雀
맹 호	주 구	우 보	양 모	백 구	공 작
① 몹시 사나운 범. ② 몹시 사나운 사람을 이르는 말. ※ 뛰어난 장군. 배포가 큰 인물.	① 사냥할 때 달음질 잘 하는 개. ② 권력가의 앞잡이 노릇하는 사람의 비유. ③ 맹목적으로 복종하는 인간을 가리킴. 예 ~노릇.	① 느린 걸음. ② 소 걸음. ② 무슨 일을 아주 느리게 처리하는 과정을 뜻함.	양의 털. 양털 가운데 곱슬곱슬하고 인편(鱗片)이 많은 것이 좋음. ※ 세모·중모·장모·카피트모·잡종.	① 흰 갈매기. ② 갈매기. ※ 바다 위를 날아다니며 작은 물고기를 먹고 사는 새.	순계과에 속하는 새. 꼬리를 부채같이 펼 때는 아름답기 그지 없으나 그 목소리는 매우 듣기 싫음.

猛虎　走狗　牛步　羊毛　白鷗　孔雀

사나울 맹	범 호	달아날 주	개 구	소 우	걸음 보	양 양	털 모	흰 백	갈매기 구	구멍 공	참새 작

故事成語
(고사성어)

면종복배
面從腹背　　표면으로는 복종하는 체하면서 내심(內心)으로는 배반함.

大鵬	鳳凰	雁鴨	鷄肋	日 刊	號 外
대 붕	봉 황	안 압	계 록	일 간	호 외
① 하루에 구만리를 난다는 상상의 큰 새. ② 곤(鯤)새〈鳥〉.※ 지상에서 가장 큰 새라고 함.	상서로운 상상의 새. 봉은 수컷이고 황은 암컷이다. ※ 전설적인 서조(瑞鳥)로 성인(聖人)이 왕위에 있을 때 나타난다고 함.	기러기와 오리. ※ 안압지 ～경주 동북쪽에 있으며 문무왕(文武王) 때 축조했음. 신라 판도를 형상화한 것이라 함.	① 닭의 갈비. ② 그다지 소용은 없으나 버리기 아까운 것을 가리키는 말. ③ 몸이 몹시 약함의 비유.	① 매일 간행함. ② 일간 신문. ※ 일간에도 아침에 나오는 조간(朝刊)과 저녁 때 나오는 석간(夕刊)이 있음.	① 신문·잡지 따위의 임시로 발행하는 중요한 보도. ② 일정한 호수 외에 발행하는 출판물.

大鵬		鳳凰		雁鴨		鷄肋		日 刊		號 外	
큰 대	붕새 붕	봉새 봉	봉황새 황	기러기 안	오리 압	닭 계	갈빗대 록	날 일	책펴낼 간	번호 호	바깥 외

故事成語 （고사성어）
각골난망
刻骨難忘　　남에게 입은 은혜가 뼈에 새기어져 잊히어지지 아니함.

記者	特種	廣告	社說	論說	通信
기 자	특 종	광 고	사 설	논 설	통 신
신문이나 잡지·통신·방송 따위의 기사를 취재·집필하거나 평론 편집하는 사람.	① 특별한 종류. ② 어떤 신문사나 잡지사만이 특별한 수단으로 얻은 기사거리. ③ 뛰어난 종류.	① 세상에 널리 알림. ② 업체 또는 상품의 존재·효능을 널리 알리는 것. ② 판매 범위를 확대하고자 하는 적극적인 방법.	① 신문·잡지사의 주장으로 내는 논설. ② 신문의 논설. ③ 사물의 이치를 들어 의견을 말하는 글.	사물의 이치를 들어 의견을 말함. 또는 그 글. 🔢사설(社說). ※ 신문사에서는 자사(自社)의 주장이 됨.	① 우편·전신·기타로 소식을 전하는 일. ② 소식을 전함. 또는 그 소식. ③ 신문·잡지에 실을 기사 재료를 본사에 알림. 📖 ~교육. ~대(隊). ~망(網). ~사(社). ~부(簿).

記	者	特	種	廣	告	社	說	論	說	通	信
기록할 기	사람 자	특별할 특	종류 종	넓을 광	알릴 고	단체 사	언론(말씀) 설	논의할 론	말씀 설	통할 통	소식 신

故事成語
(고사성어)

감개무량
感慨無量   감개가 한이 없음. 사물에 대한 회포의 느낌이 한이 없음.

骨骼	耳目	口鼻	手足	毛髮	眉間
골　격	이　목	구　비	수　족	모　발	미　간
①뼈대. ② 뼈의 조직. ③고등 동물의 몸을 이룬 뼈의 짜임. ※ 내골격과 외골격.	①귀와 눈.②봄과 들음.③시청(視聽). ④남을 주의(注意)하라는 뜻.	①입과 코.※이목 구비:얼굴의 생김새. 예 이목 ~가 멀정한 사람이……	①손과 발.②요긴하게 부리는 사람. ※손과 발을 소우주(小宇宙)라고 한다. 천지·춘·하·추·동이 있음.	①사람의 머리털과 몸에 난 털. ②모(毛)는 체모(體毛)이고, 발(髮)은 머리털이다.	①양미간. ②두 눈썹 사이. ※미간이 좁으면 소견(所見)이 좁다고 했음.

骨	骼	耳	目	口	鼻	手	足	毛	髮	眉	間
뼈 골	뼈대 격	귀 이	눈 목	입 구	코 비	손 수	발 족	털 모	터럭 발	눈썹 미	사이 간

名言金言 (명언금언)	◇ 세상에서 얻기 어려운 것은 형제요, 구하기 쉬운 것은 재물이다. 설사 재물을 얻었을지라도 형제의 마음을 잃는다면 무엇하리요. (天下難得者兄弟, 易求者田地, 假令得田地, 失兄弟心, 如何)〈蘇瓊「小學 卷6 善行」〉
故事成語 (고사성어)	독서삼도 讀書三到

독서의 법은 구도(口到)·안도(眼到)·심도(心到)에 있다 함이니, 즉 입으로 다른 말을 하지 아니하고, 눈으로는 딴 것을 보지 말고, 마음을 하나로 가다듬고 반복 숙독하면, 그 진의(眞意)를 깨닫게 된다는뜻.

頭腦	心臟	胃臟	肝臟	五臟	六腑
두 뇌	심 장	위 장	간 장	오 장	육 부
①머리의 골. ②사물을 슬기롭게 판단하는 힘. ③큰골·작은골·숨골로 이루어진 골. 예～명석.	①심근(心筋)의 수축과 판막의 작용으로 정맥에서 혈액을 받아 동맥으로 내 보내는 순환 기관의 중추 부분. ②염통. ※우심실·좌심실·우심방·좌심방.	①밥통. ②위와 창자. ※위염·위궤양·위하수·위확장·위암 등의 질병이 있음.	①간. ②몸에 필요한 여러 가지를 만들어내는 화학 작용을 하는 기관.	〈한의〉다섯 가지 내장(內臟). 곧 간장(肝臟)·심장(心臟)·비장(脾臟)·폐장(肺臟)·신장(腎臟). 오내(五內). 오중(五中). 오창(五倉).	〈한의〉담(膽)·위(胃)·대장(大腸)·소장(大腸)·삼초(三焦)·방광(膀胱)의 다섯 가지 뱃속의 기관을 통틀어 이르는 말. 육부(六府).

(한자 쓰기 연습란)

頭腦　　心臟　　胃臟　　肝臟　　五臟　　六腑

머리 두	뇌(머릿골) 뇌	마음 심	오장 장	밥통 위	오장 장	간 간	오장 장	다섯 오	오장 장	여섯 륙	육부 부

(빈 연습칸)

名言金言 (명언금언)	◆ 우리를 자랑스럽게 하고 고상하게 하는 것은 덕행이지 가문이 아니다. 〈보우먼트〉 ◆ 건강한 신체에 건강한 정신이 깃든다. 〈T. 제퍼슨〉
故事成語 (고사성어)	덕불고 德不孤 　　덕이 있는 사람은 외롭지 않고 반드시 따르는 사람이 있다는 뜻. ※ 출전(論語) : 덕불고 필유인(德不孤必有隣).

醫師	健康	診斷	神經	衰弱	整形
의 사	건 강	진 단	신 경	쇠 약	정 형
의술에 의하여 병을 진찰, 치료하는 일을 업으로 삼는 사람. ※ 의사·치과의사·한의사의 3종. 지방에는 공의(公醫)가 있음.	①몸이 튼튼하고 병이 없음. ②몸의 상태. ③보건 지식 및 습관·태도의 교정.	의사가 환자의 병의 상태를 진찰하여 판단함. ※ 시진(視診)·타진(打診)·청진(聽診)·촉진(觸診)·검변·검뇨·혈액 및 뢴트겐 검사 등.	중추 신경인 뇌와 척수 및 온 몸의 말초 신경으로 이루어진 지각·운동·분비·영양을 지배하는 기관.	①쇠퇴하여 약하여짐. ② 질병으로 몸이 허약하여짐. ③고령으로 기운이 줄어듦.	①모양을 바르게 고침. ②뼈·관절의 형태 이상을 예방·교정하는 임상 의학.

醫 師	健 康	診 斷	神 經	衰 弱	整 形

의원 의	전문가 사	건강할 건	몸 튼튼할 강	진찰할 진	결단할 단	귀신 신	날(날실) 경	쇠할 쇠	약할 약	가지런할 정	얼굴 형

醫 師	健 康	診 斷	神 經	衰 弱	整 形

手術	胃炎	口腔	中耳炎	肝硬化
수 술	위 염	구 강	중 이 염	간 경 화
①몸의 환부를 도리어 내거나 째서 치료하는 일. ②외과 기구로 하는 치료법. ※오장육부를 갈아 넣는 수술도 함.	소화 불량에서 오는 위점막의 염증. ※급성은 폭음 폭식에서 만성은 반복되는 위염으로 점막의 위축·비후·궤양이 원인이 됨.	① 입 안. ② 혀·이·순선(脣線)협선(頰線)·구개선(口蓋線)·설하선(舌下線)·악하선(顎下線)·이하선(耳下線) 및 여러 점막으로 이루어짐.	① 중이(중간귀)에 생기는 염증. ② 고막과 내이(內耳) 사이에 있는 고실(鼓室)의 염증. 증상은 청력이 감퇴되고 고름이 흐름.	① 간이 굳어지는 증세. 심해지면 간암으로 발전됨. ※간염 또는 간경변증 등의 병이 악화되어 세포가 파괴될 때 생김.

手	術	胃	炎	口	腔	中	耳	炎	肝	硬	化
손 수	재주 술	밥통 위	염증 염	입 구	속빌 강	가운데 중	귀 이	염증 염	간 간	굳을 경	될 화

保健	檢疫	細菌	傳染	疾病	衛生
보 건	검 역	세 균	전 염	질 병	위 생
① 건강을 보전함. ② 신체 활동을 통해서 각부를 균등 강건하게 발달시켜 강인한 성격과 정신을 기르는 일.	외국에서 들어오는 돌림병을 막으려고 항구나 공항에서 내리는 사람을 진찰, 소독하는 일.	① 다른 것에 기생하여 발효, 부패시키고 병원체가 되는 박테리아류. ② 단세포 식물. 분열하여 번식함.	① 병독이 남에게 옮김. ② 병원성이 있는 미생물이 병을 옮김. ③ 몹쓸 풍속(風俗)이 전하여 전체에 물이 듦. ※ 전염병 ~한국에는 3종이 있음. (1종은 14종류, 2종은 5종류, 3종은 3종류).	① 모든 병. ② 우환. ③ 질환. ④ 질양. 例 ~보험.	신체의 건강을 보호 증진하기 위하여 질병의 예방과 치료를 게을리하지 않는 일. 例 공중~.

保	健	檢	疫	細	菌	傳	染	疾	病	衛	生
보호할 보	건강할 건	검사할 검	염병 역	가늘 세	세균 균	전할(옮길) 전	물들일 염	병 질	병 들 병	호위할 위	날 생

藥師	調劑	服藥	處方	漢方	藥湯
약 사	조 제	복 약	처 방	한 방	약 탕
약사 면허를 가지고 약품의 조제·감정·보존·교부에 관한 실무를 행하는 사람. 즉 약제사.	①약제를 조합하여 내복 또는 외용의 약을 지음. ②조약. ※약제사가 경영하는 업소를 약국이라 함.	①약을 먹음. ②환자가 자기 병에 알맞는 약을 먹음. ※약에는 알약·환약·가루약이 있으며, 의약은 반드시 식후에 먹어야 함.	①병을 다스리는 방법. ②약을 조제하는 방법. ※처방전(處方箋)은 의사가 약제사에게 약제의 용법을 지시하는 법정 서면.	①중국에서 발달하여 전래된 의술. ②한의(漢醫)의 처방. 예~약. ※한방의(漢方醫).	①약으로 쓰기 위하여 약제를 달인 물. ②약재를 넣은 욕탕. ※약탕관(藥湯罐)~질그릇.약탕기(藥湯器)

藥	師	調	劑	服	藥	處	方	漢	方	藥	湯
약	전문가 사	가릴 조	약지을 제	약 먹을 복	약	처리할 처	방법 방	한나라 한	방법 방	약	끓을 일 탕
약	사	조	제	복	약	처	방	한	방	약	탕

名言金言 (명언금언)	◆ 계절의 한서(寒暑)나 주야(晝夜) 등의 시기(時期)의 이점(利點)이 지세(地勢)의 이점만 같지 못하고, 지세의 이점이 인심(人心)의 화합(和合)만 같지 못하다. 〈孟子〉
故事成語 (고사성어)	동병상련 同病相憐 ① 같은 병을 앓는 사람끼리 서로 가엾게 여김. ② 어려운 처지에 있는 사람끼리 서로 동정하고 도움.

丸藥	鹿茸	草根	木皮	鍼灸	補藥
환 약	녹 용	초 근	목 피	침 구	보 약
① 알약. ② 둥근 모양으로 만든 약. ③ 환제(丸劑). ※ 약재를 변형하여 복용하기 편리하게 알로 조제함.	사슴의 새로 돋은 연한 뿔. 성질이 온하여 피를 돕고, 심장을 강하게 하여 크게 정력을 돕는 약재. ※ 상대·중대·하대.	①풀 뿌리. ②약재에 필요한 풀의 큰 뿌리. ※한약재. 중국에서 많이 남.	① 나무 껍질. ② 중국에서 생산되는 희귀한 나무의 껍질. ※ 한약재.	①침질과 뜸질로 병을 다스리는 의술. ②혈맥(血脈)·위기(衛氣)·경락(經絡)을 유통하게 함. ※ 12경락과 360°이상의 침구혈(穴).	몸을 보하게 하는 약. 건강제(健康劑).

丸	藥	鹿	茸	草	根	木	皮	鍼	灸	補	藥
알 환	약 약	사슴 록	녹용 용	풀 초	뿌리 근	나무 목	껍질 피	침놓을 침	뜸질할 구	도울 보	약 약

（연습 칸）

◇ 부모가 사랑하시면 기뻐하여 잊지 말고, 부모가 미워하시더라도 송구스러이 생각하여 원망하지 말 것이며, 부모에게 못마땅함이 있으면 부드러이 간하여 거역하지 말아야 한다. (父母愛之, 喜而弗忘, 父母惡之, 懼而不怨. 父母有過, 諫而不逆)
〈曾子「小學 卷2 明倫」〉

▶故事成語◀
（고사성어）

금석지교
金石之交   쇠나 돌처럼 굳고 변함이 없는 교분. 금석지계(金石之契).

專攻	錄音	精讀	課程	訓育	教訓
전 공	녹 음	정 독	과 정	훈 육	교 훈
① 전문적으로 하는 연구. ② 전수(專修). 예 ~분야(分野). ~과목(科目). ~종목(種目).	① 레코오드나 영화 필름에 소리를 기록하는 일. ② 소리의 재생을 위한 음파의 기록. ※종류 ~원판(原板)·자기(磁氣)·광전(光電) 녹음.	① 자세히 읽음. ② 깊이 읽음. ③ 뜻을 새기면서 읽음. ④ 내용을 살피면서 읽음.	① 과업의 정도. ② 학년의 정도에 딸린 과목. 예 교육(敎育) ~. 학과(學科) ~.	① 가르쳐 기름. ② 학생의 감정과 의지를 도야하여 성격을 완성시키는 교육. ③ 타이르고 깨우치며 기름.	① 가르치고 타이름. ② 훈회(訓誨). ⑪ 교도(敎導). 훈도(訓導). 예 ~삼아.

專	攻	錄	音	精	讀	課	程	訓	育	敎	訓
오로지 전	닦을 공	기록할 록	소리 음	세밀할 정	읽을 독	과목 과	길 정	가르칠 훈	기를 육	가르칠 교	가르칠 훈

學 藝 · 勉 學 ②

觀察	養護	學藝	掛圖	聖賢	落榜
관 찰	양 호	학 예	괘 도	성 현	낙 방
① 사물을 잘 살펴봄. ② 과학 연구의 기초가 되는 자료를 수집하기 위하여 자연 그대로의 사물의 상태·성질의 변화를 살펴 보는 일.	① 기르고 보호함. ② 영양 상태를 돌보면서 기름. ⑩ ~ 교사(教師). ~담당(擔當).	① 학문과 예능. ② 문장과 기예(技藝). ③ 학습의 성과를 극·노래·무용 등 신체적 활동으로 표현하는 것.	① 걸어 놓고 보는 학습용의 그림이나 지도. ② 시각(視覺)의 효과를 높이기 위하여 걸어 놓고 보는 크게 쓴 계획서나 그림. ⑪ 챠드.	성인과 현인. ※ 공자·석가와 같은 분과 을파소(乙巴素)·왕 거인(王巨仁)·하 륜(河崙) 같은 분.	낙제(落第). 어떤 시험·모집 따위에 응했다가 뽑히지 못하게 됨. ⑪ 급제(及第).

觀	察	養	護	學	藝	掛	圖	聖	賢	落	榜
볼 관	살필 찰	기를 양	보호할 호	배울(학문) 학	재주 예	걸 괘	그림 도	성인 성	어질 현	떨어질 락	방붙일 방

名言金言
(명언금언)

◇ 신을 대신하여 인간을 지배하는 세 가지의 힘인 돈과 명예와 향락과의 관계를 단절했을 때에, 사람은 비로소 자기를 자유롭게 느낀다. 〈힐티「잠 못 이루는 밤을 위하여 下」〉

故事成語
(고사성어)

금상첨화
錦上添花

'여창잉첨 금상화(麗唱仍添錦上花)라는 왕 안석(王安石)의 글'에서 온 말. 좋은 일에 또 좋은 일이 더함.

文藝	古典	玉篇	雜誌	著書	隨筆
문 예	고 전	옥 편	잡 지	저 서	수 필
① 문학과 예술. ② 학문과 기예. 시·소설·희곡 등의 미적 현상을 사상화하여 표현한 예술 작품.	① 옛날의 의식이나 법식. ② 뒷날에 남을 만한 옛날 서적. ③ 과거의 어떤 시대를 대표하는 작품.	① 한문 글자의 음과 새김을 적어 엮은 책. ② 한자 자전(字典). ※ 6세기경 중국 남북조 시대의 고야왕(顧野王)이 편찬함.	① 호를 거듭하여 정기적으로 발행하는 출판물. ② 지식·보도·평론·오락·문예·학술·스포츠·대중·주부·학생 등을 내용으로 함.	① 책을 지음. 또는 그 책. ② 사회 생활이 산재하는 사실을 논리적으로 서적을 엮어 내는 일.	그때 그때 본 대로 들은 대로 느낀 대로를 붓 가는 대로 적어 낸 글. 또는 그러한 글투의 작품·상화(想華)·만문(漫文).

文	藝	古	典	玉	篇	雜	誌	著	書	隨	筆
글월 문	재주 예	옛 고	책 전	옥 옥	엮을 편	섞일 잡	기록할 지	지을 저	책 서	따를 수	붓 필

故事成語 (고사성어)

누란지위
累卵之危
쌓아 놓은 새알처럼 몹시 위험한 상태.

戲曲	飜譯	文章	評論	映畵	演劇
희 곡	번 역	문 장	평 론	영 화	연 극
① 연극의 극본·각본. ② 문학의 한 형식. 주로 회화(會話)·연기(演技)에 의하여 표현되는 예술 작품. 드라마.	① 한 나라의 말로 된 글의 내용을 다른 나라 말로 옮김. ② 원작을 내용의 변경 없이 다른 언어로 풀이하는 것.	① 글월. ② 주어(主語)와 설명어를 갖추어 한 사상을 나타낸 말. ③ 글·글발·문사(文詞)·편한(篇翰). 예 ~가(家).	① 작품의 가치 영향 따위를 비평하고 논함. ② 사물의 가치(價値)·선악(善惡)을 비평하여 논함. 예 ~가(家).	① 활동 사진. ② 키네마. ③ 시네마. ④ 토막진 화상(畵像)을 연속한 일련의 필름을 영사기로 스크린에 크게 비추어 영상이 어떤 의미를 가지게 제작된 것.	배우의 연기·무대 장치·조명·효과 따위를 통하여 희곡을 무대 위에 연출하는 종합 예술.

故事成語 (고사성어)
남가일몽 南柯一夢 '중국 당(唐)나라의 소설 남가기(南柯記)'에서 유래한 말. 꿈과 같이 헛된 한 때의 부귀와 영화. 남가지몽(南柯之夢).

民謠	詩歌	揮毫	畫廊	硯墨	餘滴
민 요	시 가	휘 호	화 랑	연 묵	여 적
①한 민족의 인정·풍속·생활 감정 등을 전하여 오는 순박한 노래.② 자연적으로 발생하여 민족 전원이 즐겨 부르는 노래.	①시와 노래. ② 언어의 특성을 교묘하게 구사하여 무한을 암시하고 미의 세계를 표현한 문학의 한 형태.	①예술품으로서 붓을 휘둘러 글씨를 쓰거나 그림을 그림. ②휘필(揮筆)·휘쇄(揮灑).	①회화를 전람해 놓는 방. ②여러 가지 그림을 전시해 놓은 큰 홀. 旧전시실.	벼루와 먹. ※ 벼루는 돌 벼루가 으뜸이며, 먹은 그 으름으로 만든 것이 가장 좋다.	쓸 것을 다 쓰고 남은 먹물. ※연수(硯水)를 담아 두는 그릇을 연적(硯滴)이라 함.

民	謠	詩	歌	揮	毫	畫	廊	硯	墨	餘	滴
백성 민	노래 요	귀글(시)시	노래 가	휘두를 휘	붓(가는털) 호	그림 화	행랑 랑	벼루 연	먹 묵	남을 여	물방울 적

彈琴	管絃	原稿	植字	組版	校正
탄 금	관 현	원 고	식 자	조 판	교 정
가야금을 탐. ※ 탄금가 ～이조 가사. 탄금대 ～충주 서북 4 km에 있는 고전장. 신라 우륵이 즐겨 가야금을 타던 곳.	관악기와 현악기. ※ 관현악 ～관악기·현악기·타악기들의 합주. 예 ～맹(盲). ～악단.	① 인쇄하기 위하여 원고지에 초벌로 쓴 글. ② 글월의 초벌. ③ 인쇄하여 복제할 근본이 되는 문장·그림·사진 등.	문선(文選)이 끝난 활자로 원고에 따라 판을 짜는 일. ※ 인쇄술의 1공정. 근래에는 인화지나 필름에 직접 광선으로 인자(印字)하는 사진 식자기가 개발되었음. 예 사진식자기.	활판을 엉구어서 짬. 비 제판(製版). ※ 게라 ～활판의 식자 작업에 사용하는, 양 가에 운두가 있는 대.	① 틀린 글자를 고치는 일. ② 교정지나 원고·준지를 대조하여 글자나 체재(體裁) 따위의 잘못된 점을 바로 고치는 일.

탈(칠) 탄	거문고 금	대롱 관	악기줄 현	근원 원	원고 고	심을 식	글자 자	짤 조	판목 판	교정볼 교	바로잡을 정

校訂	矯正	推敲	精版	石版	刊行
교 정	교 정	추 고	정 판	석 판	간 행
남의 저서의 잘못된 곳을 바로 고침. ※특히 이미 나온 도서의 문장·어귀를 고치는 일.	곧게 바로 잡음. ⑪ 광정(匡正)·교직(矯直). ※ 교정 교육 ~감화원 같은 데서 행하는 교육.	① 시문을 지을 때 자귀(자구)를 여러 번 생각하여 고침. ② 퇴고. ※ 당(唐)의 가도(賈島)의 문귀에서 나온 말.	① 오프셋 인쇄. ② 오프셋. ※ 정판 인쇄. ⑩ ~사(社).	돌의 겉 쪽에 글씨와 그림을 그린 인쇄판. ※ 석판석 ~ 석판에 쓰이는 석회암. 석판 인쇄 ~평판 인쇄의 하나. 석판화 ~ 석판 인쇄법에 의하여 만들어지는 판화의 일종.	① 출판. ② 인쇄하여 발행함. ③ 인행(印行). ※간행본(刊行本) ~간행한 책.

校訂	矯正	推敲	精版	石版	刊行

교정볼 교	바로잡을 교	바로잡을 정	밀 추	두드릴 고	깨끗할 정	판목 판	돌 석	판목 판	책펴낼 간	행할 행

故事成語
(고사성어)

남상
濫觴

'양자강(揚子江) 같은 대하(大河)도 근원은 잔을 잠글 만한 세류(細流)'라는 뜻에서, 사물의 처음. 시작(始作). 기원(起源).

競技	體力	審判	出發	決勝	走者
경 기	체 력	심 판	출 발	결 승	주 자
①서로 기술의 낫고 못함을 겨주어 다툼. ②경기 운동. ⑩~장(場).	①몸에서 우러나오는 힘. ②몸이 환경에 견디어 내는 힘. ③몸에서 기술적으로 낼 수 있는 힘.	①사건을 헤아리고 살피어서 판단 또는 판결함. ②운동 경기에서 반칙행위와 우열과 순위를 가림. 또는 그 사람.	①길을 떠나감. ②일을 시작함. ③경주할 때 출발점을 떠나감. ④발족(發足). ⑪발정(發程). ⑭도착(到着). ⑩~점(点).	①승부를 결정함. ②낫고 못함을 가림. ⑩~선(線).~전(戰). ~점(点).	①달리는 사람. ②야구 경기의 베이스와 베이스 사이를 달리는 경기자. ③계주 경기의 1·2·3·4 번 이어 달리는 사람.
競技	體力	審判	出發	決勝	走者
다툴 경 / 재주 기	몸 체 / 힘 력	살필 심 / 판단할 판	떠날 출 / 떠날 발	정할 결 / 이길 승	달음질할 주 / 놈 자

新記錄	障碍物	走幅跳	走高跳
신　기　록	장　애　물	주　폭　도	주　고　도
① 기왕에 있었던 기록보다 뛰어난 새로운 기록. ② 종전의 기록을 깨뜨리는 것.	장애가 되는 물건. 图 장애물 경기.　100m · 110m · 400m · 3000m 장애물 경기.	달리던 속도를 이용하여 지정된 지점에서 멀리 건너뛰는 뜀 뛰기 경기의 한가지. 田 주광도(走廣跳).	달리던 속도를 이용하여 한 쪽 발로 땅을 차며 몸을 솟구쳐 바(bar)를 뛰어 넘어서 그 높이를 다투는 경기.

新	記	錄	障	碍	物	走	幅	跳	走	高	跳
새 신	기록할 기	기록할 록	막힐 장	막을 애	물건 물	달음질할 주	폭(넓이) 폭	뛸 도	달음질할 주	높을 고	뛸 도

名言金言
(명언금언)

❖ 의무가 너의 문을 두드릴 때, 그를 반겨 맞아라. 만일 그를 기다리게 한다면, 그는 물러갔다가 한 번은 다시 오지만 그 때는 일곱 가지 다른 의무를 데려와서 너의 문을 두드릴 것이다. 〈E. 마아캄 「義務」〉

故事成語
(고사성어)

적자생존
適者生存

영국의 철학자 스펜서의 용어로, 생존 경쟁(生存競爭)의 결과, 외계의 환경에 가장 적합한 것만이 생존·번영(繁榮)하고, 적합치 않은 것은 도태(淘汰)되어 쇠퇴(衰退)·멸망하는 현상. 생물 진화론에서 자연 도태(自然淘汰)를 일컫는 말.

繼走	三段跳	棒高跳	競步	投擲
계 주	삼 단 도	봉 고 도	경 보	투 척
이어 달리기. 圖 400m 계주, 800m 계주, 1,600m 계주 등. 凰 릴레이 경주.	세단 뛰기. ※호프·스텝·점프의 차례로 규칙에 따라 세번 뛰 뛰는 것.	긴 막대를 짚고 넘는 높이 뛰기. ※ 달리는 속도를 이용함. '장대 높이 뛰기'.	한쪽 발이 땅에서 떨어지기 전에 다른 발이 땅에 닿게 하여 빨리 걷는 경기.	던짐. 圖 투포환·투창·투원반·투헴머 등 여러 가지 필드 경기가 있음.

繼	走	三	段	跳	棒	高	跳	競	步	投	擲
이을 계	달음질할 주	석 삼	층계 단	뛸 도	몽둥이 봉	높을 고	뛸 도	다툴 경	걸음 보	던질 투	던질 척

故事成語 (고사성어)

전화위복 轉禍爲福 재화(災禍)가 바뀌어 오히려 복이 됨.

圓盤	砲丸	排球	主審	副審	線審
원 반	포 환	배 구	주 심	부 심	선 심
직경이 22cm의 원형의 판. ② 원반 던지기에 쓰이는 기구. 규정된 원내에서 던져 거리의 원근으로 다투는 경기.	대포의 탄알. ③ 포환던지기에 쓰이는 기구. 무게 16파운드. 경기 방식은 투원반 경기와 같음.	네트를 사이에 두고 6명으로 된 팀 경기자가 한 개의 보올을 땅에 떨어뜨리지 않고 세 번 이내에 받아 넘기는 경기. 이 쪽 서어비스 때 상대 팀이 보올을 떨어뜨리면 한 점을 땀.	① 경기 심판원의 우두머리. ② 한 경기의 주된 심판을 맡은 사람. ⑭ 부심 (副審).	주심을 보좌하는 심판. 즉 주심의 판결에 허점이 없도록 보강하는 심판.	선을 맡아보는 심판. ※ 구기 경기에 필요한 심판.

圓盤	砲丸	排球	主審	副審	線審

둥글 원	쟁반 반	대포 포	알 환	밀어낼 배	공 구	우두머리 주	살필 심	버금 부	살필 심	줄 선	살필 심

故事成語
(고사성어)

초지일관
初志一貫

처음 뜻을 꿰뚫고 나감. 시작할 때의 결심(決心)을 마칠 때까지 굽히지 않음.

運 動 競 技 ⑤

守備	後衞	時差	野球	出壘	盜壘
수 비	후 위	시 차	야 구	출 루	도 루
①힘써 지켜 막음. ②공격을 보다 더 적극적으로 펴고 상대편의 기습 공격을 막는 임무를 띤 사람. ⑫공격.	①뒷쪽 수비 (호위). ②구기 경기에서 뒤로 넘어 오는 보올을 처리하는 임무를 띤 사람. ⑫전위(前衛). ※배구, 정구, 축구등에 있음.	시간차의 뜻으로 배구 경기에서 쓰이는 공격 방법(기술). ※1인 시간차, 2인 시간차.	한 팀이 9사람씩 구성되어 서로 방망이로 상대방 투수가 던져 주는 공을 쳐서 득점을 다투는 옥외 경기.	①야구 경기에서 타자가 안타를 치고 루에 살아 나가는 일. ②상대방 투수가 보올을 4개를 넣어 루에 살아 나가는 일. ③투수가 공을 잘못 넣어 타자가 공에 맞아 루에 살아 나가는 일.	야구 경기에서 루에 나가 있는 주자가 투수가 홈에 공을 넣는 순간을 이용하여 한 루 더 나아가는 일.

지킬 수	갖출 비	뒤 후	지킬 위	때 시	어긋날 차	들 야	공 구	나갈 출	야구의 베이스 루	도둑 도	야구의 베이스 루

名言金言
(명언금언)

◇ 재산이 많은 데 따라서 그 부(富)가 좌우되는 것이 아니라, 만족한 마음에 좌우하는 것이다. 〈마호멧〉

故事成語
(고사성어)

청백리
淸白吏

① 청백한 관리. ② 의정부(議政府)·육조(六曹)·경조(京兆)의 이품 이상의 당상관과 사헌부(司憲府)·사간원(司諫院)의 수직(首職)들이 추천하여 선정한 청렴한 벼슬아치.

打者	投球	壘審	安打	蹴球	籠球
타 자	투 구	누 심	안 타	축 구	농 구
야구 경기에서 상대편 투수가 던지는 공을 때리는 공격진 선수. ※우타자, 좌타자.	야구 경기에서 투수가 상대편 타자에게 공을 던지는 것. ※강속구·직구·변화구 등 여러 가지로 넣음.	야구 경기에서 1,2,3루의 주자의 생사 적부 판정을 하는 심판. ※야간 경기시는 우익과 좌익의 파울 라인의 판정을 맡아보는 선심도 있음.	야구 경기에서 투수가 던진 공을 타자가 수비진 누구에게도 잡히지 않는 타구를 친 것. ⓗ 1루타(안타), 2루타, 3루타, 본루타(홈런).	한 팀이 11명씩 두 패로 갈려 공을 차서 상대편 고울 문 안에 넣어 승부를 다투는 경기. 발·머리·몸으로만 공을 다룸. ⓗ시간제 경기.	5사람씩 된 두 패가 서로 상대편 바스켓에 공을 넣어 득점을 다투는 경기.

名言金言 (명언금언)
◆ 사람은 말을 너무 적게 한 데 대해 뉘우치는 일은 없으나, 말을 너무 많이 했다고 뉘우치는 일은 흔히 있다. 〈P. D. 코민 「回想録」〉

故事成語 (고사성어)
원형이정 元亨利貞
① 사물의 근원되는 도리. ② 역학(易學)에서 말하는 천도(天道)의 네 가지 원리. '원(元)'은 봄이니 만물의 시초요, '형(亨)'은 여름이니 만물이 잘 자라고, '이(利)'는 가을이니 만물이 이루어지고, '정(貞)'은 겨울이니 만물을 거두는 것을 뜻함.

運動競技 ⑦

庭球	水球	卓球	送球	氷球	力道
정 구	수 구	탁 구	송 구	빙 구	역 도
코오트에 네트를 치고 양측에서 라켓으로 공을 받고 넘기는 경기. 경기에는 단식, 복식이 있고 공에 따라 경식, 연식의 종류가 있음.	푸울에서 7명씩의 두 편이 헤엄치면서 물에 떠 있는 공을 고울에 던져 넣기는 경기. 단식, 복식, 혼합 복식의 종류가 있음. 또 국가간의 경기는 단체 경기로 한다.	탁상에서 세루로이드로 만든 공을 베트로 쳐서 서로 넘기는 경기. 단식, 복식, 혼합 복식의 종류가 있음. 또 국가간의 경기는 단체 경기로 한다.	7명씩의 두 편이 하나의 공을 패스하여 상대편 고울에 던져 넣기를 겨루는 경기. 시간제 경기.	6명씩의 두 편이 얼음판 위에서 스틱으로 팍을 쳐서 상대방 고울에 넣는 경기. 시간제 경기.	체급이 같은 사람끼리 누가 더 무거운 역기를 들어 올리나를 다투는 경기. 인상·용상·합계의 3종이 있음.

庭 球 / 水 球 / 卓 球 / 送 球 / 氷 球 / 力 道

뜰 정	공 구	물 수	공 구	책상 탁	공 구	보낼 송	공 구	얼음 빙	공 구	힘 력	재주(기예) 도

庭 球 / 水 球 / 卓 球 / 送 球 / 氷 球 / 力 道

名言金言 (명언금언)

◇ 깜빡이는 한 점의 불티가 능히 넓고 넓은 숲을 태우고, 한 마디 그릇된 말이 평생의 덕을 허물어뜨린다. 〈高宗「明心寶鑑 省心篇」〉

故事成語 (고사성어)

자중지난　自中之亂　　자기네 패 속에서 일어나는 싸움질.

柔道	拳鬪	計體	判定	反則	警告
유 도	권 투	계 체	판 정	반 칙	경 고
맨손으로 상대자를 넘어뜨리거나 또는 메어치는 경기. 방어 무술의 하나로 실력에 따라 급과 단을 받음. ※ 체급 경기.	두 사람이 링에서 양손에 글러브를 끼고 상반신을 서로 공격 또는 방어하는 경기. 시간제 경기.	체급 경기에 있어 해당 체급의 한계 체중을 초과하는지의 여부를 검사하는 일.	① 잘 판단하여 결정함. ② 권투, 레슬링, 유도, 태권도 등에서 심판이 승패를 결정짓는 일. ※ 권투(판정승·KO승·RSC승), 레슬링(판정승, 폴승), 유도(우세승·한판승), 태권도(판정승·KO 승).	법칙이나 규정에 어그러짐. 주심이 반칙 선수에게 경고 또는 퇴장의 벌칙을 가할 수 있음.	조심하라고 경계하여 타이름. 두 번 경고를 받으면 자동 퇴장 당한다.

柔	道	拳	鬪	計	體	判	定	反	則	警	告
부드러울 유	재주(기예) 도	주먹 권	싸울 투	셈할 계	몸 체	판단할 판	정할 정	돌이킬 반	법칙 칙	경계할 경	알릴 고

柔	道	拳	鬪	計	體	判	定	反	則	警	告

名言金言 (명언금언)	◇ 사람이 술을 마시고, 술이 술을 마시고, 술이 사람을 마신다. 〈法華經〉
故事成語 (고사성어)	정반합 正反合 〈철학〉헤에겔에 의하여 정식화(定式化)된 변증법(辯證法)에 있어서의 논리 전개(論理展開)의 삼위(三位). 곧 정립(定立)·반립(反立)·종합(綜合)의 뜻.

弔環	鞍馬	平行棒	難易度	競泳
조 환	안 마	평 행 봉	난 이 도	경 영
공중에 늘어져 있는 두 개의 링에 매달려서 묘기를 부리는 체조. 시간제 경기.	① 안장을 갖춘 말. ② 뜀뛰기 운동에 쓰는 안장처럼 된 목마. 시간제 경기.	평행한 횡목(橫木)을 높낮이를 자유로 할 수 있게 만든 것으로 도립(倒立)·현수(懸垂)·전회(轉回)·진동(振動) 따위의 운동을 할 수 있는 기계 체조 용구의 하나. 시간제 경기.	어떤 기술이나 재주를 부림에 있어 얼마나 쉽고 얼마나 어려운가의 정도.	수영으로 빠름을 다투는 경기. 평영·접영·배영·자유형·혼영·계영 등의 종류가 있음.

弔	環	鞍	馬	平	行	棒	難	易	度	競	泳
매어달 조	고리 환	안장 안	말 마	평평할 평	갈 행	몽둥이 봉	어려울 난	쉬울 이	정도 도	다툴 경	헤엄칠 영

混泳	繼泳	蝶泳	背泳	平泳	乘馬
혼 영	계 영	접 영	배 영	평 영	승 마
수영 경기에 있어 접영·평영·배영·자유형의 4가지를 섞어서 빠름을 다투는 경기. ※ 400m 혼영 경기 ~ 4가지 영법(泳法)을 100m씩 나누어서 수영하는 경기.	릴레이식 수영 경기. 400m·800m·1600m 등의 종류가 있음.	수영 영법의 하나로 나비처럼 헤엄치는 것. 100m·200m·400m·800m 등의 종류가 있음.	수영 영법의 하나로 송장헤엄 또는 등헤엄. 100m·200m·400m·800m 등의 종류가 있음.	수영 영법의 하나. 100m·200m·400m·800m 등의 종류가 있음.	① 말을 탐. ② 경기에 있어 여러 가지 장애물을 설치해 놓고 말을 타고 달려 뛰어넘는 기술을 다투는 경기.

混	泳	繼	泳	蝶	泳	背	泳	平	泳	乘	馬
섞을 혼	헤엄칠 영	이을 계	헤엄칠 영	나비 접	헤엄칠 영	등 배	헤엄칠 영	평평할 평	헤엄칠 영	탈 승	말 마

故事成語
(고사성어)

제행 무상
諸行無常

우주 만물은 항상 돌고 변하여 한 모양으로 머물러 있지 아니함.
※ 제행(諸行): ① 일체 유위(一切有爲)의 현상. ② 우주간의 만물.

弓道	劍道	脚戲	漕艇	速度	追拔
궁 도	검 도	각 희	조 정	속 도	추 발
① 궁술을 닦는 일. ② 활 쏘는 데 지켜야 할 규칙.③ 국궁(國弓) 또는 양궁(洋弓)으로 과녁을 맞추어 성적을 다투는 경기.	① 검술로 심신을 단련하여 수양을 꾀하는 일. ② 검술(劍術). ③ 검술의 다투는 경기.⑳ 검도에도 급이나 단이 있음.	씨름. 고래로 부터 전해 오는 민속 경기로 보통 3판양승제로 하고 있음.	일정한 규칙의 배를 노를 저어 빨리 결승점에 도달하는 단체 경기.	① 빠른 정도. ② 운동하는 물체가 단위 시간에 통과하는 거리. ③ 운동하는 물체의 빠름의 정도.	사이클 경기에 있어 두 팀 사이에 일정한 거리 경기를 할 때 어느쪽이 얼마나 따라 잡았는가를 알아보는데 쓰이는 용어.

弓	道	劍	道	脚	戲	漕	艇	速	度	追	拔
활 궁	재주 도	칼 검	재주 도	다리 각	희롱할 희	통 조	거룻배 정	빠를 속	정도 도	따를 추	뺄 발

宇宙	太陽	天文	星座	日月	銀河
우 주	태 양	천 문	성 좌	일 월	은 하
① 천지. 사방과 고금(古今). ② 세계, 천지. ③ 천체, 그 밖의 만물을 포용하는 공간. ④ 우리 눈에 보이는 한없이 너른 은하계.	① 해. ② 태양계의 중심을 이루는 항성. ※ 우리 태양계에는 수성·금성·지구·화성·목성·토성·천왕성·해왕성·명왕성의 떠돌이별과 많은 달별이 있음.	① 천체의 모든 형상. ② 천문학. 예 ~대(臺). ~도(圖). ~지리(地理). ~박사(博士).	① 별자리. ② 별의 떼를 갈라 놓은 구역. ※ 별자리 ~ 큰 곰, 작은곰, 독수리, 전갈 등.	① 해와 달. ② 세월. ③ 인간과 가장 관계가 깊은 하늘의 대표적인 천체. ④ 밝은 세상의 별칭.	① 밤 하늘에 흰 구름 모양으로 남북으로 길게 보이는 별 무리. ② 은하수. ③ 천구(天球)를 1바퀴 감는 미광성(微光星)의 밀집군.

宇	宙	太	陽	天	文	星	座	日	月	銀	河
하늘 우	하늘 주	클 태	별 양	하늘 천	무늬 문	별 성	자리 좌	해 일	달 월	은 은	물 하

名言金言 (명언금언)

◆ 인간을 비추어 주는 유일한 등불은 이성(理性)이며, 삶의 어두운 길목을 인도하는 오직 한 개의 지팡이는 양심(良心)이다. 〈하이네 「獨逸의 哲學과 宗敎」〉

故事成語 (고사성어)

홍익인간
弘益人間   널리 인간 세계를 이롭게 한다는 뜻.

氣象	雷雨	風霜	雲霧	洪水	氷雪
기 상	뇌 우	풍 상	운 무	홍 수	빙 설
①타고 난 성정(性情). ②날씨가 덥거나, 춥거나, 개거나, 흐리거나하는 대기 가운데서 일어나는 모든 물리적 변화의 현상.	①우뢰 소리와 같이 오는 비. ②굉장히 세차게 쏟아지는 비. ③번개를 동반하며 굵은 줄기로 쏟아지는 비.	①바람과 서리. ②고난을 많이 겪으며 흘러간 세월. ③고르지 못한 천기(天氣).	①구름과 안개. ②앞을 잘 분간하기 어려운 날씨. ③내막을 알 수 없는 의심스러운 일을 비유하여 이르는 말.	①장마로 범람하는 큰 물. ②물이 넘쳐 흐르듯이 사람이나 물건의 아주 많음을 가리키는 말. ⟺한발.	①얼음과 눈. ②심성(心性)의 결백하고 곧음을 일컫는 말. ※빙관.

氣	象	雷	雨	風	霜	雲	霧	洪	水	氷	雪
기운 기	형상 상	우뢰 뢰	비 우	바람 풍	서리 상	구름 운	안개 무	큰물 홍	물 수	얼음 빙	눈 설

零下	納凉	寒暑	冷凍	氣壓	災殃
영 하	납 량	한 서	냉 동	기 압	재 앙
① 빙점 이하.② 온도계가 0° 이하를 가리킬 때. 즉 수은주가 0° 이하로 내려갈 때.	① 여름에 더위를 피하여 시원한 바람을 쐼. ② 초가을의 선선한 바람을 쐼. ⑩ ~기(期).	① 추위와 더위. ② 겨울과 여름. ※ 1년 중의 기후의 차가 심함을 일컬을 때.	① 냉각시켜 얼림. ② 육류(肉類)와 어류(魚類)의 부패를 막기 위하여 얼리는 것.	대기의 압력. ※ 단위 ~밀리바. ⑩ 고~. 저~. (1기압~1cm²의 표면에 1000다인의 압력). ※ 표준 기압 ~ 1,013.25밀리바.	①천재 지변으로 일어나는 불행한 일. ②앙재(殃災). ③인간 생활에 다가오는 불행한 운수. ④ 신(神)이 나쁜 사람에게 내리는 벌.

零下	納凉	寒暑	冷凍	氣壓	災殃
영(떨어질) 령	아래 하	들 일 납	서늘할 량	찰 한	더울 서	찰 랭	얼 동	기체 기	누를 압	재앙 재	재앙 앙

故事成語
(고사성어)

윤회생사
輪廻生死

〈불교〉 수레바퀴가 돌고 돌아 끝이 없는 것과 같이, 중생(衆生)의 영혼은 육체와 같이 멸하지 않고 전전(轉輾)하여 무시 무종(無始無終)으로 돈다는 일. ㉟ 윤회(輪廻).

自 然 環 境 ④

地球	泰山	奇岩	丘陵	溪谷	森林
지 구	태 산	기 암	구 릉	계 곡	삼 림
① 사람이 살고 있는 땅덩어리. ② 태양계의 혹성〈떠돌이별〉 중의 하나. ③ 인간이 문명을 발달시키면서 생활하는 세상.	① 중국에 있는 높고 큰 산. ② 크고 많음의 비유. 예 ~명동(鳴動). ~북두(北斗). ~압란(壓卵).	① 기이한 바위. ② 이상하게 생긴 경치 좋은 바위. 예 ~절벽(絕壁).	① 언덕. ② 고도가 150m~600m 정도의 기복(起伏)을 가진 정상(頂上)이 평탄한 지역.	① 물이 흐르는 산골짜기. ② 양안(兩岸)의 바위가 깎기어 골짜기로 된 곳. 비 산곡(山谷).	① 나무가 많이 우거져 있는 곳. ② 수풀. ③ 밀림지대(密林地帶). ④ 심산 유곡(深山幽谷)의 울창한 숲. 예 ~지대(地帶).

地球　泰山　奇岩　丘陵　溪谷　森林

땅 지	둥근덩어리 구	클(산이름) 태	메 산	기이할 기	바위 암	언덕 구	언덕 릉	시내 계	골 곡	나무빽빽할 삼	수풀 림

季節	黃昏	原始	環境	土壤	傾斜
계 절	황 혼	원 시	환 경	토 양	경 사
① 해마다 규칙적으로 되풀이 되는 자연 현상에 의하여 1년을 구분한것. 철. ② 알맞은 시절. 예 독서~.	① 해가 지고 어둑어둑할 때. ② 한 창인 고비를 지나 쇠퇴하여 종말에 이른 때. ※ 황혼 연설 ~ 노인의 잔소리.	처음, 근본, 원생, 태고, 인류 최초, 문명 이전, 미개, 사람이 처음 지구상에 나타난 때.	① 생활계를 둘러싸고 있는 일체의 사물에 직접 간접으로 영향을 주는 모든 것. ② 주위의 정황(情況). 예 ~ 기후(氣候).	① 흙. ② 지각(地殼) 표면의 암석이 붕괴·분해된 무기물에 부패된 동식물의 유기물이 혼합된 것.	① 비스듬히 기울어짐. ② 기울어진 정도. ③ 점점 높아지는 땅의 모양.

季	節	黃	昏	原	始	環	境	土	壤	傾	斜
철 계	철 절	누를 황	어두울 혼	근원 원	비로소 시	두를 환	형편 경	흙 토	부드러운흙 양	기울어질 경	비스듬할 사

故事成語 (고사성어)

한단지몽 邯鄲之夢 사람의 일생이란 한 바탕의 꿈과 같이 허무하다는 것. 한단몽(邯鄲夢). 황량몽(黃粱夢).

20. 名 勝・古 蹟 ①

雪嶽山	漢拏山	内藏山	智異山
설 악 산	한 라 산	내 장 산	지 리 산
양양군과 인제군 사이, 태백 산맥 중부의 주봉. 높이 1,708 m, 단풍이 아름답기로 유명하며, 백담사(百潭寺)와 한계령(寒溪嶺)도 이름난 곳임.	제주도의 주봉. 높이 1,950 m. 산정에는 둘레 3 km의 분화구 백록담이 있음. 삼대 식물(三帶植物)이 울창하고 관광지로 유명함.	정읍, 순창, 장성군의 사이에 있는 산. 높이 622m. 기암 절벽과 단풍으로 유명. 소금강(小金剛)의 별칭이 있고 중턱에 내장사가 있음.	함양, 산청, 남원, 하동, 구례군의 사이에 있는 산. 높이 1,915m, 일명 두류산. 단풍과 계곡 폭포로 유명. 소백 산맥의 최고봉이고 옛부터 삼신산(三神山)의 하나로 불려짐.

雪嶽山　漢拏山　内藏山　智異山

눈설	큰메악	메산	한수(漢水)한	잡을나	메산	안내	감출장	메산	슬기지	다를이	메산

雪嶽山　漢拏山　内藏山　智異山

	◆ 우리의 지성은 유한(有限)하다. 그러나 유한한 환경 속에서도 우리는 무한한 가능성에 둘러싸여 있으며, 또 인간 생활의 목적은 그 무한으로부터 가능한 한 많이 파악하는 것이다. 〈A. N. 화이트헤드 「화이트헤드의 對話」〉
故事成語 (고사성어)	자로부미 子路負米　'자로(子路)가 매일 쌀을 등짐으로 백리 밖까지 운반하여 그 운임으로 양친을 봉양했다'는 고사에서, 지극한 효성을 비유하는 말.

九 千 洞	天 地 淵	紅 島	閑 麗 水 道
구 천 동	천 지 연	홍 도	한 려 수 도
무주군에 있는 여러 구비의 계곡. 맑게 흐르는 물이 얼음처럼 차가와 여름 피서지로 적당하여 관광지로 유명함.	제주도 서귀포시에 있는 폭포. 높이 33m, 폭 6m. 폭호(瀑) 하류의 연외천(淵外川) 계곡과 서귀포 일대의 화산지형이 경승지로 유명함.	전라남도 신안군에 속하는 서해상의 섬으로 매가도(梅加島)라고도 하며, 넓이 6.87km²로 절경의 명승지.	경남 한산도 삼일포에서 전남 여수까지의 섬 사이의 수로. '해중 금강'이라는 별칭이 있는 명승지.

九	千	洞	天	池	淵	紅	島	閑	麗	水	道
아홉 구	일천 천	골 동	하늘 천	못 지	못 연	붉을 홍	섬 도	한가할 한	고울 려	물 수	길 도

故事成語
(고사성어)
조문석사
朝聞夕死
아침에 진리를 들어 깨치면 저녁에 죽어도 한(恨)이 없다는 뜻. 즉 사람이 참된 이치를 듣고 각성하면 당장 죽어도 한될 것이 없으니 짧은 인생이라도 값있게 살아야 한다는 말.

海雲臺	鏡浦臺	烏竹軒	景福宮
해 운 대	경 포 대	오 죽 헌	경 복 궁
부산 동래에 있는 해수욕장으로 대한 팔경의 하나. 특히 달 뜨는 모습이 절경이다. 부근에 유명한 동래 온천과 범어사가 있음.	강원도 강릉 석호(潟湖)에 세워진 누대(樓臺). 경포호수와 솔밭, 동해의 백조, 추석 달맞이 등 풍경이 좋아 관동 팔경의 하나로 정해짐.	강릉에 소재하고, 국보 제278호로 율곡선생 탄생의 집. 이조 초기 건축(목조)으로 유저(遺著)·유물(遺物) 등이 전함.	서울 북악산 남쪽에 위치한 이씨 왕조의 정궁궐. 서기 1394년 태조 이 성계가 건축한 것으로 둘레 3,300m, 넓이 6.5km²이다. 임진왜란 때 타버린 것을 대원군이 중건함.

海雲臺　鏡浦臺　烏竹軒　景福宮

바다 해	구름 운	돈대 대	거울 경	물가 포	누각 대	검을 오	대나무 죽	난간 헌	볕 경	복 복	궁궐 궁

名言金言
(명언금언)

◇ 청년기는 지혜를 연마(錬磨)하는 시기요, 노년기는 지혜를 실천하는 시기이다.
〈루 소〉

故事成語
(고사성어)

주마간산
走馬看山

① 달리는 말 위에서 산천을 구경함. ② 바쁘고 어수선하여 천천히 살펴 볼 여가가 없어 홱홱 지나쳐 봄을 이르는 말.

崇禮門	廣寒樓	落花岩	阿娘閣
숭 례 문	광 한 루	낙 화 암	아 랑 각
일명 남대문으로 국보 제 1호. 도성 4 대문 중의 하나로 1398년 낙성했으며 가장 오래된 건물 중의 하나. 현액은 세종의 맏형 양녕대군의 친필로 전해짐.	남원시에 있는 국보 제429호. 1635년 돌 기둥 위에 목조 8 각으로 세워졌음. 유연(遊宴) 장소이며 춘향전으로 유명함.	부여 백마강 언덕 부소산 서쪽 끝 절벽을 이룬 바위. 옛 백제가 망할 때 삼천 궁녀가 떨어져 죽어 이 이름이 붙었음. 부근에 백화정, 고란사가 있음.	경남 밀양 영남루 대밭 속에 세워진 아랑각을 말함. 사또 이(李) 모의 외동딸 아랑이 하리 주기(朱旗)의 모함에 의하여 억울하게 죽은 사연이 전해 옴.

崇	禮	門	廣	寒	樓	落	花	岩	阿	娘	閣
높을 숭	예도 례	문 문	넓을 광	찰 한	다락 루	떨어질 락	꽃 화	바위 암	아름다울 아	아가씨 낭	누각 각

◆ 예지(＝슬기)는 샘이다. 그 물은 마시면 마실수록, 더욱더 많이, 힘차게 또 다시 솟아 나온다. 〈A. 지레지우스「彷徨하는 天使」〉

故事成語
（고사성어）
천정부지
天井不知   물가 등이 한 없이 오르기만 함을 이르는 말.

龍頭岩	三姓穴	晋州城	大王岩
용 두 암	삼 성 혈	진 주 성	대 왕 암
제주시 북쪽에 있는 용담 옆의 바닷가에 자리한 용머리같은 바위를 말함. 기암으로 이루어져 제주시의 명물로 여겨지고 있음.	일명 미흥혈(尾興穴). 태고시대 고을라(高乙那) 양을라(良乙那) 부을나(夫乙那)의 삼신이 이 웅덩이에서 나타나 천사가 데려온 세 처녀와 혼인한 후 탐라국을 세워 제주도의 개조(開祖)가 되었다는 유적.	고려시대 축조한 진주시의 옛 성으로 임진왜란 때 목사 김 시민이 관민과 함께 끝까지 싸우다 장렬하게 죽어간 고적.	월성군 감포읍 앞바다에 보이는 해중암으로 신라 30대 문무왕이 사후에도 호국의 용신이 되겠다고 하여 이곳에 장사 지냈다고 전해옴.

龍	頭	岩	三	姓	穴	晋	州	城	大	王	岩
용 룡	머리 두	바위 암	석 삼	성 성	구멍 혈	진나라 진	고을 주	재 성	큰 대	임금 왕	바위 암

龍	頭	岩	三	姓	穴	晋	州	城	大	王	岩

名言金言 (명언금언)

◇ 악덕은 우리들의 즐거움에 있어서조차 우리를 괴롭히지만, 미덕은 우리들의 피로움에 있어서조차 위안을 준다. 〈콜턴 「라콘」〉

故事成語 (고사성어)

지피지기
知彼知己

적의 내정(內情)과 나의 내정을 소상히 앎. 곧 전쟁에서는 피차의 정세에 통달(通達)해야만 한다는 병가(兵家)의 말. 〈孫子 謀攻篇〉

昌慶苑	顯忠祠	石窟庵	大藏經
창 경 원	현 충 사	석 굴 암	대 장 경
구 창경궁. 서기 1483년 성종이 건립함. 서기 1833년 순조가 중수했으며 지금은 유명한 동물원, 식물원이 있어 시민의 안식처가 됨.	충남 온양에 있으며 임진왜란 때 구국의 영웅으로 왜적을 무찌른 충무공이 순신을 뫼신 사당. 유물과 유적이 많음.	국보 제 89호. 경주시 소재. 신라 경덕왕 때 김 대성이 건조함. 그 조각의 신비함이 세계에서 찾아 볼 수 없을 정도로 정교함.	합천 해인사에 보관되어 있는 팔만대장경을 말함. 경(經), 율(律), 논(論)장을 모아 놓은 책. 국보 제111호로 지정되어 있음.

昌	慶	苑	顯	忠	祠	石	窟	庵	大	藏	經
창성할 창	경사 경	동산 원	나타날 현	충성 충	사당 사	돌 석	굴 굴	암자 암	큰 대	감출 장	경서 경

將星	參謀	士官	干城	紀綱	兵營
장 성	참 모	사 관	간 성	기 강	병 영
① 장군의 미칭(美稱). ② 장령(將領). ③ 1·2·3·4·5성 장군의 총칭. 예 대장(大將).	① 모의에 참여하는 일. 또는 그 사람. ② 작전·용병 등의 계획·지도를 맡아 보는 장교. ※ 참모장(參謀長).	① 병사를 지휘하는 장교. 예 ~후보생(候補生). ~학교(學校). ~생도(生徒).	① 나라를 방위하는 군인. ② 근간이 되는 무리. ③ 방패가 되는 것.	① 기율과 법강. ② 씩씩한 마음과 꿋꿋한 절개. ③ 정치의 대강(大綱). ※ 기율(紀律)의 으뜸.	① 병사가 생활하는 막사. ② 병사(兵舍). ③ 옛 병마 절도사가 있던 영문(營門).

將 장수 장	星 별 성	參 참여할 참	謀 꾀할 모	士 군사 사	官 벼슬 관	干 방패 간	城 재 성	紀 규율 기	綱 벼리 강	兵 군사 병	營 진(陣) 영

將	星	參	謀	士	官	干	城	紀	綱	兵	營

名言金言 (명언금언)	◇ 자기 부모에게 거짓말을 하거나 기만하는 습성을 가진 자, 또는 적어도 그렇게 해왔던 자는, 다른 사람에게도 더욱 용감하게 거짓말을 하게 된다. 〈테렌티우스〉
故事成語 (고사성어)	회자정리 會者定離　만나는 자는 반드시 헤어질 운명에 있음. 불교에서의 만유 무상(萬有無常)을 나타내는 말임.

牙城	兵務	徵兵	利敵	五列	斥候
아 성	병 무	징 병	이 적	오 열	척 후
① 아주 중요한 근거지. ② 바깥성 안에 있는 성. ③ 내성(內城)을 굳게 지켜주는 방패성.	병사에 관한 사무.	국가가 법령으로써 병역 의무자를 강제적으로 모아서 일정한 기간 군무에 복무하게 함. ※ 우리 나라 징병 연령은 1930년 1월 1일을 기준으로 함.	① 적을 이롭게 함. ② 결과가 적에게 도움이 되는 것. 예 ～행위(行爲).	① 국내에서 이적 행위를 하는 통보자. ② 간첩(間諜). 비 제오열(第五列). ※ 스페인 내란 때 프랑코군의 에밀리오 몰라 장군의 작전 술어에서 나온 말.	적의 형편 또는 지형 등을 정찰하고 수색함. ※ 항상 아군의 최선봉에 나서 적진을 파고 들어 임무를 수행함.

牙	城	兵	務	徵	兵	利	敵	五	列	斥	候
대장기 아	재 성	군사 병	일 무	부를 징	군사 병	이로울 리	원수 적	다섯 오	벌일 렬	망볼 척	염탐할 후

工業	簿記	企業	經營	去來	複式
공 업	부 기	기 업	경 영	거 래	복 식
① 원료를 가공하여 유용한 물품을 만드는 일. ② 천연 산물 또는 가공된 조제품(租製品)을 가공 대상으로 하는 생산 과정. 예 ~교육. ~부기. ~화학.	계산의 증감·변화를 기록·계산·정리하여 그 결과를 적는 기장법. ※ 단식, 복식 중 복식이 원칙임. 이외 상업·공업·농업·은행 부기 등.	① 영리를 목적으로 생산 요소를 종합하여 계속적으로 경영하는 경제적 사업. ② 어떠한 사업을 계획함. 예 ~가(家). ~은행(銀行).	① 사업을 운영하여 감. ② 계획을 세워 이룩함. ③ 규모를 세우고 일을 하여 감. 예 ~권(權). ~자본(資本). ~난(難).	①돈을 서로 꾸고 꾸이거나, 물건을 사고 팔며, 주고받는 일. ②과거와 미래. ③ 사건이 생기는 대로 하인(下人)이 상사(上司)에게 알리는 일. 예 ~처(處). ~금(金).	① 두 겹 또는 그 이상으로 된 방식. ② 복식 부기. ③ 두 항(項) 이상으로 된 셈의 방식.반 단식. 예 ~학급(學級). ~호흡(呼吸). ~화산(火山).

工業　簿記　企業　經營　去來　複式

장인공	업업	장부부	기록할기	꾀할기	업업	경영할경	경영할영	갈거	올래	겹칠복	법식식

工業簿記企業經營去來複式

名言金言
(명언금언)

❖ 사람은 신이 아니다. 그러므로 과오를 저지른다. 그러나 사람은 금수가 아니다. 그러므로 한번 저지른 과오를 되풀이 해서는 안 된다. 〈괴에테〉

故事成語
(고사성어)

일신우일신
日新又日新　　날마다 새로와지고 또 날마다 새로와짐.

記帳	貸借	消費	資本	投資	生産
기　장	대　차	소　비	자　본	투　자	생　산
① 장부에 기록함. ② 잊지 않기 위하여 종이, 책에 적어 두는 것. (비)치부(置簿). ※금전 또는 물품의 출납을 적는 것.	① 꾸어 줌과 꾸어 옴. ②돈이나 물건의 들어옴과 나감. ③계약의 일종인 사용 대차·소비대차·임대차의 총칭. ④부기의 대변(貸邊)과 차변(借邊). (예) ～ 대조표(對照表).	① 써서 없앰. ②재화(財貨)를 소모하는 행위. 생산적 소비와 비생산적 소비. ③ 경제재(經濟財)를 그 용도에 충당함. (반) 생산(生産).	① 영업의 기본이 되는 돈. 밑천. ② 회사의 목적인 사업을 하기 위하여 사원이 내 놓은 재산의 총액. ③ 이윤을 얻기 위하여 쓸 재화. (예)～금(金). ～가(家).	① 일의 밑천을 댐. ② 사업에 필요한 자본을 댐. (예)～신탁(信託). ～유치(誘致). ～율(率). ～은행(銀行).	사람이 자연물에 인력을 가하여, 사람의 욕망을 채울 수 있는 재화를 만들거나 증가시키는 일. (반) 소비(消費). (예) ～공장(工場). ～부(部).

記	帳	貸	借	消	費	資	本	投	資	生	産
기록할 기	치부책 장	빌릴 대	빌 차	사라질 소	소비할 비	재물(자본) 자	근본 본	던질 투	재물 자	날 생	낳을 산

製品	資金	施設	用役	加工	購買
제　품	자　금	시　설	용　역	가　공	구　매
원료를 가지고 물건을 만듦. 또는 그 물건. ㉝ ~단가(單價). ~창고(倉庫). ~검사(檢査). ~보관(保管).	① 자본금. ② 영리 경영 등의 목적으로 사용하는 화폐액. ③ 특정 목적에 사용하는 돈. ㉝ 정치~.	① 베풀어서 설비함. ② 설치(設置). ③ 설시(設施). ※ 어떤일을 해 나가기 위하여 지정된 곳에 이룩한 형체.	물자의 형태를 취하지 않고 생산과 소비에 필요한 품을 제공하는 일. ㉝ ~제공(提供). ~불(弗). ※ 써―비스의 뜻을 가짐.	① 천연물이나 미완성품에 인공을 더함. ② 남의 동산(動産)에 공작을 가하여 이를 새 물건으로 만드는 일. ㉝ ~품(品). ~공장(工場).	물건을 사들임. ㉝ ~력(力). ~승인서(承認書). ~자(者). ~조합(組合). ~부(部). ~혼(婚). ㉫ 매입(買入).

製 品　資 金　施 設　用 役　加 工　購 買

製	品	資	金	施	設	用	役	加	工	購	買
지을 제	물건 품	재물 자	돈 금	베풀 시	베풀 설	쓸 용	부릴 역	더할 가	장인 공	살 구	살 매

故事成語
(고사성어)

순망치한
脣亡齒寒

서로 돕고 의지하는 사이에 하나가 망하면 다른 하나도 온전하게 되기 어렵다는 말.

原價	費用	計算	個別	綜合	附價
원 가	비 용	계 산	개 별	종 합	부 가
① 본값. ② 생산비. ③제품의 생산 및 판매를 위하여 소비된 경제 가치. 예 ～계산(計算). 생산～. 판매～.	① 물건을 사는데에 드는 돈. ② 쓰이는 돈. ③ 비발. 예 ～가치(價値). 벤 용전(用錢). 용돈. 즉 소비액.	① 수량을 헤아림. 셈. ② 식의 운산으로 수치를 구해내는 일. 예 ～기(器). ～ 서(書). ～척(尺). ～도표(圖表).	① 낱낱이 따로 나눔. ②개개의 물건 또는 사람.예 ～ 원가(原價). ～지도(指導). ～적(的). ～개념(概念). 벤 종합(綜合).	①이것 저것을 하나로 통합함. 개개의 개념·판단을 한 데 모아 새로운 개념. 관념. 판단을 이룩함. ② 변증법에서 정립(定立)·반립(反立)을 지양함.	부가가치. 개개의 기업에 의하여 새로이 생산된 가치. 곧 새로이 생산된 국민 소득. ※ 부가가치세(附加價値稅).

原	價	費	用	計	算	個	別	綜	合	附	價
근원 원	값 가	소비할(쓸) 비	쓸(쓰일) 용	셈할 계	셈할 산	낱 개	다를 별	모을 종	합할 합	붙을 부	값 가

故事成語
(고사성어)
자업자득
自業自得
자기가 저지른 일의 과보(果報)를 자기 자신이 받는 일. 자업 자박(自業自縛).

工　　　業⑤

操業	經濟	集計	製造	作業	廢物
조 업	경 제	집 계	제 조	작 업	폐 물
① 각각 맡은 일을 함. ② 공장 시설을 가동하는 일. 예 ~단축(短縮). ~율(率). 공장~.	①인류의 공동 생활에 있어서 그 필요로 하는 자료를 획득 이용하는 활동. ②최소의 노력으로 최대의 수확을 얻음. ③ 살기 위한 수단. 예~학(學). ~력(力).~대국(大國).	① 모아서 한 셈. ② 여러 수량을 모아 전체 수량을 구함. ③ 계산의 총합계. 예 ~표(表). ~기(機).	① 지어서 만듦. ② 원료에서 물건을 만드는 방법. 예 ~원가(原價). ~업(業). ~과정(過程). ~품목(品目). ~기(機).	① 일터에서 연장이나 기계를 가지고 일을 함. ②조작(操作). 예 ~분석(分析). ~검사(檢査). ~장(場). ~가설(假說).	① 못 쓰는 물건. ② 기한이 되어 폐기하는 물건. ※ 이 중에는 다시 가공하거나 고쳐서 재활용할 수도 있음. 비 고물(古物).
操業	經濟	集計	製造	作業	廢物
잡을 조 / 업 업	경영할 경 / 구제할 제	모을 집 / 셈할 계	지을 제 / 지을 조	지을 작 / 업 업	폐할 폐 / 물건 물

故事成語
(고사성어)

작심삼일
作心三日　　결심이 사흘을 가지 못함. 결심이 굳지 못함을 이르는 말.

品質	在工品	工程	等級	副產品
품 질	재 공 품	공 정	등 급	부 산 품
① 물건의 근본 성질과 바탕. ② 질. 품. 예 ～관리(管理). ～안정(安定). ～변동(變動). ～적응(適應).	출고되지 않고 남아 있는 제품(가공된 물품). 비 재고품(在庫品) 예 ～조사(調査). ～확인(確認).	① 일하는 정도. ② 공사 과정. ③ 공부하는 정도. ④ 공률(工率). ⑤ 공장 생산에 있어서의 작업의 진행 과정.	① 등위(等位). ② 높낮이의 차례. ③ 계급(階級). ④ 별의 광도(光度)의 강약을 나타내는 수.	주산물을 만드는 데에 따라 생기는 물건. 반 주산품(主産品). ※ 석탄 가스를 생산할 때 산출되는 코우크스와 코울타르 따위도 부산품의 일종임.

品	質	在	工	品	工	程	等	級	副	產	品
물건품	근본(바탕)질	있을재	장인공	물건품	장인공	길정	등급등	등급급	버금부	낳을산	물건품

名言金言 (명언금언)

◆ 무릇 자기를 높이는 자는 낮아지고, 자기를 낮추는 자는 높아지리라.
〈예수「新約聖書 누가 福音」〉

故事成語 (고사성어)

부창부수　夫唱婦隨　남편의 주장에 아내가 이에 따르는 것이 부부 화합(和合)의 도(道)라는 뜻.

製氷	製綿	製紙	纖維	製糖	製菓
제 빙	제 면	제 지	섬 유	제 당	제 과
얼음을 제조함. ⑩ ~기(機). ※ 암모니아의 압축·액화·증발에 따른 냉각 작용 이용의 냉동기 사용이 보통.	목화로써 솜을 만듦. ⑩ ~기(機). ~공장(工場).※ 방적(紡績)·방직(紡織)의 원료로 이용됨.	펄프로 종이를 만듦. ⑩ ~업(業). ※ 식물 섬유를 물의 매개로 엷고 평평하게 얽히게 하여 종이를 만듦.	①동식물을 조직하는 가느다란 실 모양의 물질. ※ 직물·종이 따위의 원료로 사용됨. ② 실 모양의 고분자(高分子) 물질의 인조 섬유.	설탕〈사탕〉을 제조함. ⑩ ~공장(工場). ~기(機). ※ 인체에 없어서는 안 될 영양분.	과자를 만듦. ⑩ ~업(業). ~ 공장(工場). ※ 원료는 주로 밀가루를 많이 씀.

製	氷	製	綿	製	紙	纖	維	製	糖	製	菓
지을 제	얼음 빙	지을 제	솜 면	지을 제	종이 지	가늘 섬	줄 유	지을 제	사탕 당	지을 제	과자 과

故事成語 (고사성어)

격물치지 格物致知 ① 사물의 이치를 궁구하여 앎에 다다르는 것. ② 사물의 이치를 연구하여 지식을 명확히 함.

製粉	製絲	紡績	釀造	製油	化學
제 분	제 사	방 적	양 조	제 유	화 학
① 곡식·약제를 빻아 가루를 만듦. ② 주로 소맥(小麥)을 빻아 가루를 만드는 일. 圈 ~업(業). ~기(機). ~공장(工場).	솜이나 고치 따위로 실을 만듦. 圈 ~공장(工場). ※ 주로 제직(製織)의 원료로 쓰이며 천을 만듦.	① 동식물 따위의 섬유를 가공하여 실을 만듦. ② 실을 켬. 圓 길쌈. 圈 ~공업(工業). ~기계(機械). ~면사(綿絲).	① 술·간장을 담가서 만드는 일. ② 주조(酒造). ※ 미생물에 의한 발효 작용을 응용 술·식초·간장·된장 등을 만듦.	석유나 식용유 따위의 기름을 만듦. 圈 ~기(機) ~공장(工場). 정유(精油)와는 전연 다름.	모든 물질의 성질·조성 및 물질 상호간의 화학 반응 따위를 연구하는 자연 과학의 한 부문. 圈 ~기호(記號). ~반응(反應). ~변화(變化).

製	粉	製	絲	紡	績	釀	造	製	油	化	學
지을 제	가루 분	지을 제	실 사	자을(실뽑을) 방	길쌈할 적	술빚을 양	지을 조	지을 제	기름 유	화할 화	학문 학

故事成語
(고사성어)

계 란 유 골
鷄卵有骨   공교롭게 일이 방해가 됨.

附屬品	消耗品	支給	配分	賃率
부 속 품	소 모 품	지 급	배 분	임 률
어떠한 데에 딸려 붙은 물품. 예 ~창고(倉庫). ~대장(臺帳). 반 고정품(固定品).	① 씀으로써 없어지는 물품. ② 써서 없어지는 물건. ③ 닳아서 없어지는 물건. 반 비치품(備置品).	물건이나 돈을 내어서 치러줌. 비 지불(支拂). 예 ~품(品). ~인(人). ~물품(物品).	① 별러서 나눔. ② 나누어 돌려줌. 비 분배(分配). 예 ~율(率). ~품(品). 물자(物資)~.	① 임금 책정에 대한 비율. ② 타 항목에 대비(對比)한 임금의 비율. 예 고(高)~. 저(低)~.

附	屬	品	消	耗	品	支	給	配	分	賃	率
붙을 부	붙을 속	물건 품	사라질 소	덜릴 모	물건 품	줄 지	줄 급	나눌 배	나눌 분	품팔이할 임	비율 률

附	屬	品	消	耗	品	支	給	配	分	賃	率

名言金言 (명언금언)	◇ 너 자신과 싸우는 것이야말로 가장 어려운 싸움이며, 너 자신에 이기는 것이야말로 가장 훌륭한 승리이다. 〈로카우 「格言詩」〉
故事成語 (고사성어)	오리무중 五里霧中 짙은 안개 속에서 길을 찾기 어려운 것 같이 무슨 일에 대하여 알 길이 없음을 일컫는 말.

賃金	雜給	雇傭	賞與	手當	報酬
임 금	잡 급	고 용	상 여	수 당	보 수
① 노동의 대가로 사용자가 고용자에게 지불하는 금전 또는 물품삯. ② 노동 임금. ③ 노임. ⑪ 보수(報酬). 월급(月給).	정한 급료 외에 더 받는 돈. ※특근(特勤)·주차(週次)·월차(月次)·연차(年次) 수당 및 당직비(當直費) 따위.	① 품삯을 받고 남의 일에 종사함. ② 당사자인 노무자가 상대자인 사용자에 대하여 노무를 제공하고 보수를 받는 계약의 하나.	① 회사나 관청에서 직원들에게 부지런히 일한 데 대하여 상금으로 주는 돈. ② 상금(賞金). ※현재 공무원의 상여금은 연간 600%임.	일정한 봉급 외에 따로 주는 보수. ※가족 수당·특근 수당 따위.	① 일한 대가나 고마운 데 대한 갚음. ② 노무 또는 사무 처리 등의 대가로 지불되는 금전·물품. ※임금(賃金).

賃金	雜給	雇傭	賞與	手當	報酬

名言金言 (명언금언)
◆ 인격이 있는 사람이란, 그 용모가 온화하면서도 근엄하며, 그 자태(姿態)에 위엄이 있으면서도 사납지 않으며, 그 행하는 바가 유유낙낙(唯唯諾諾)하면서도 부자유스럽지 않다. 〈孔子 「論語」〉

故事成語 (고사성어)
백면서생
白面書生　글만 읽고 세상 일에 경험이 없는 사람.

月次	明細書	精算書	豫算	項目
월　차	명　세　서	정　산　서	예　산	항　목
공장 종업원이 1달동안 개근하였을 때 사용주가 하루 (8시간) 분의 임금을 가산하여 주는 보수(報酬).	① 어떤 내용을 자세하게 적은 문서. ② 셈하거나 셈한 속가름, 또는 내역을 자세히 밝힌 문서.	① 세밀한 계산 문서. ② 대차 대조표·손익 계산서가 작성될 때까지의 계산 과정을 1개의 표에 표시한 문서. ※ 결산에 앞서서 작성됨.	① 미리 필요한 금액 따위를 계산함. ② 국가 또는 단체의 한 회계 연도의 세입·세출을 미리 계산함.	① 사물을 세분한 조목. ② 크고 작게 나눈 조목 중 둘째 번 큰 조목. ※ 관(款). 항(項). 목(目). 절(節).

月	次	明	細	書	精	算	書	豫	算	項	目
달 월	다음 차	밝을 명	자세할 세	글 서	자세할 정	셈할 산	글 서	미리 예	셈할 산	조목 항	조목 목

間接費	指示書	流動	外上	工具
간 접 비	지 시 서	유 동	외 상	공 구
원가 계산에 있어 직접 아닌 제조 또는 판매 과정에서 생기는 비용. ⑪ 직접비(直接費).	① 가리켜 보이는 글. ②어떤 기관이 다른 기관 또는 사람에 대하여 어떤 사항에 관하여 시킬 일을 적은 문서. ⑪ 지령서(指令書). ※ 지정하여 시키는 명령서.	① 액체 따위가 흘러 움직임. ② 이리저리 옮기어 다님. ③ 일정한 자리 또는 일정하게 정해져 있지 않은 것.	① 값은 나중에 주기로 하고 물건을 사는 일. ② 외자(外資)·외재(外財). ⑩ ~질. ~값.	①공작에 쓰이는 기구. ②기계 따위를 만드는 데 쓰이는 기구. ③부속품을 기계에 끼울 때 쓰이는 기구.

間接費　指示書　流動　外上　工具

사이간	이을접	비용비	가리킬지	지시할시	글서	호를류	움직일동	바깥외	위상	장인공	연장구

間接費　指示書　流動　外上　工具

故事成語
(고사성어)

고진감래
苦盡甘來　　고생이 끝나면 즐거움이 옴.

技術	開發	見本	宣傳	實用新案
기 술	개 발	견 본	선 전	실 용 신 안
① 말이나 일을 꾀 있게 다루는 솜씨. ② 공예(工藝)의 재주. ③ 인간이 자연에 작용하여 자연을 인간 생활에 이롭게 이용하는 재주.	① 개척하여 발전시킴. ② 산업을 일으켜 천연 자원으로 인간 사회를 도움. ③ 자발적으로 지능을 발달시킴. 예 ~ 교육(敎育). ~주의(主義).	① 본보기의 물건. ② 적례(適例). ③ 상품의 일부를 제시하여 그것으로써 품질을 사는 사람에게 알리기 위한 물건.	① 어떤 상품에 대하여 팔리도록 힘쓰는 일. ② 어떤 일이나 주의·사상을 널리 이해시켜 공감을 얻는 일.	이미 있는 물품의 형상·구조 따위에 새로운 연구를 하여 실제로 쓰이는 데에 편리하도록 하는 일.

技	術	開	發	見	本	宣	傳	實	用	新	案
재주 기	꾀 술	열 개	필 발	볼 견	밑(근본) 본	널리펼 선	전할 전	실제 실	쓸 용	새 신	생각 안

商 標	特 許	價 格 法	時 間 法	配 賦
상 표	특 허	가 격 법	시 간 법	배 부
상공업자가 자기의 생산·제조·가공·선택·증명·취급 및 판매 영업에 관계되는 상품임을 알리려고 상품에 붙이는 표지.	①공업상의 발명품에 대하여 권리를 그 사람에게만 주는 행정 행위.② 특별히 허가함. ⑳ ～권(權). ～청(廳).	① 값을 책정하는 법칙. ② 화폐로써 나타낸 상품의 교환 가치. ③금값을 표준으로 한 법칙.	① 일한 시간에 따라서 또는 한 시간에 급료를 얼마씩 계산하여 주는 법. ②시급(時給)을 책정한 법칙. ※ 주로 하급 종업원에 적용함.	① 나누어서 돌려 줌. ② 나누어서 책정함. ⑪ 배부(配付).

商	標	特	許	價	格	法	時	間	法	配	賦
장사 상	표 표	특별할 특	허락할 허	값 가	정도 격	법 법	때 시	사이 간	법 법	나눌 배	줄 부

名言金言 (명언금언)	◆ 내가 죽거든 유해는 산야에 그대로 던져 버려서, 천지를 관으로 삼고, 일월성신을 영전의 제물로 삼게 해 주는 것이 좋겠다네. 〈莊 子〉
故事成語 (고사성어)	견마지로 犬馬之勞 ① 임금이나 나라에 충성을 다하는 노력. ②자기의 노력을 겸손하게 일컫는 말. 견마지성(犬馬之誠).

簿記	會計	資產	對照	收益	費用
부 기	회 계	자 산	대 조	수 익	비 용
계산의 증감·변화를 기록·계산·정리하여 그 결과를 적는 기장법. ※ 단식, 복식 (원칙). 이외 상업·공업·농업·은행 부기 등이 있음.	① 모아서 계산함. ② 대금의 지불. ③ 금전·물품의 출납의 계산. 또는 그 사무. ⑳~감사(監査). ~국(局).~사(司). ~연도(年度). ~원(員).	① 소득을 축적한 것. ② 부채의 담보로 할 수 있는 것. ③ 유형 무형의 값 있는 물건. ⑳~평가(評價).	① 내용의 검토나 참고를 위하여 둘 이상의 대상을 맞추어 봄. ② 서로 반대적으로 대비함. ⑳~표(表). 대차(貸借)~. ※ 차변과 대변의 비교.	① 이익을 거두어들임. ② 수입되는 이익. ⑳~세(稅). ~체감(遞減).※ 사업 활동에 의하여 자본이 증가하는 원인.	① 물건을 사는데에 드는 돈. 쓰이는 돈. ② 자본의 인출(引出)을 제외하고 사업 활동에 의하여 자본이 감소하는 원인.

簿	記	會	計	資	産	對	照	收	益	費	用
장부 부	기록할 기	모을 회	계산 계	재물 자	낳을 산	대할 대	대조할 조	거둘 수	이익 익	비용 비	쓸 용

損益	計定	分介	轉記	決算	元帳
손 익	계 정	분 개	전 기	결 산	원 장
① 손실과 이익. ② 경영의 결과로 생긴 자본 총액의 감소와 증가. ③ 기초(期初) 자본과 기말 자본을 비교한 손해와 이익.	① 부기에서 기업상의 가치 변동의 거래를 밝히는 특수한 계산 방식. ② 장부에 기록하기 위하여 설정된 계산 단위.	거래를 차변 요소와 대변 요소로 분해하고, 기입해야 할 계정 과목과 금액을 결정하는 것. ※ 분개가 끝나면 전기(轉記)를 한다.	① 분개를 총계정 원장에 옮겨적는 것. ② 한 장부에서 기재 사항을 옮기어 적음. ※ 상대 과목이 2개 이상일 때는 제좌(諸座)라 기입함.	① 계산을 마감함. ② 일정한 기간을 잘라 그 기간 안의 수지(收支)를 죄다 셈하여 맺음. ⑫ 예산(豫算). ⑭ ～절차(節次). ～기(期). ～서(書).	① 계정 과목마다 구좌(口座)를 베풀어서 수지 대차(收支貸借)를 적어 넣는 장부. ② 복식 장부에 있어 가장 기본이 되는 장부. ⑭ 원부(原簿).

損	益	計	定	分	介	轉	記	決	算	元	帳
덜 손	더할 익	셈할 계	정할 정	나눌 분	끼일 개	구를 전	기록할 기	정할 결	셈할 산	으뜸 원	치부책 장

移越	諸座	借邊	貸邊	增減	債權
이　월	제　좌	차　변	대　변	증　감	채　권
한 회계 연도의 순손익금(純損益金) 또는 잔금을 차기(次期)로 옮겨 넘김. ⑪ 조월(繰越). ⑳ ~금(金). ~절차(節次).	분개(分介)를 총계정 원장에 옮겨 적을 때 과목이 2개 이상이면 제좌라 기입한다.	복식 부기에서 장부의 계정 구좌의 왼편에 있는 입금(入金)을 기입하는 부분. ⑪ 차방(借方). ※ 자산 혹은 손실을 표시함.	복식 부기에서 장부의 계정 구좌의 오른편에 있는 지출(支出)을 기입하는 부분. ⑪ 대방(貸方). ※ 자본 및 부채 혹은 이익을 표시함.	① 많아지는 것과 적어짐. ② 늘임과 줄임. ③ 증손(增損). ⑳ ~대비(對比). ~표(表). ~차액(差額).	① 채권자가 채무자에게 대하여 급부(給付)를 청구하는 권리. ② 특정인이 상대방에 대하여 일정한 행위를 청구할 수 있는 권리. ⑪ 채무(債務). ⑳ ~자(者). ~양도(讓渡).

移	越	諸	座	借	邊	貸	邊	增	減	債	權
옮길이	넘을월	여러제	자리좌	빌차	가변	빌릴대	가변	더할증	덜감	빚채	권세권

名言金言
(명언금언)

◆ 우리들의 가장 우람한 고루거각(高樓巨閣)과 가장 호사스러운 방도, 다만 우리 무덤의 바깥에 지어 놓은 변소에 지나지 않는다. 시가지 — 네가 그렇게 크고 호화로와도 무덤의 창고에 지나지 않는다. 〈S. 버틀러「人間의 愞弱과 悲慘」〉

故事成語
(고사성어)

과유불급
過猶不及

지나친 것이나 모자란 것이나 다 같이 좋지 않음. 사물(事物)은 중용(中庸)을 중히 여김.

當座預金	借越	貸越	對替	分割
당 좌 예 금	차 월	대 월	대 체	분 할
예금자가 발행한 수표에 의하여 언제든지 지불할 수 있도록 되어 있는 예금. ⑪ 정기 예금(定期預金).	예금액 이상으로 꾸어 쓰는 일, 즉 예금주가 예금액 이상으로 은행으로부터 임시로 돈을 빌리는 것.	은행이 신용도가 인정되는 예금주에게 임시로 돈을 빌려주는 일. ※ 은행 →대월, 예금주 → 차월. 즉 은행이 예금주에게 예금. 잔고 이상의 수표 발행을 허락하는 대부 (貸付).	어떤 계산 자리의 금액을 딴 계산 자리에 옮겨 적는것. ② 진체(振替). ③ 어떤 계정의 금액을 다른 계정에 전기(轉記) 하는 것.	나누어서 쪼갬. ⑪ 통합(統合). ⑩ ～상속(相續). ～파(派). ～평화(平和). ～휴전(休戰).

當座預金 借越 貸越 對替 分割

마땅할 당	자리 좌	미리 예	돈 금	빌 차	넘을 월	빌릴 대	넘을 월	대할 대	바꿀 체	나눌 분	가를 할

當座預金 借越 貸越 對替 分割

故事成語
(고사성어)

불문곡직
不問曲直　옳고 그른 것을 묻지 아니함.

帳簿	在庫	貸損	充當金	貸與金
장 부	재 고	대 손	충 당 금	대 여 금
① 금품의 수입 지출을 기록하는 책. 또는 기록하는 일. ② 상품의 매입·매출에 관한 보조 기입장. 예 ~군. ※ 장치꾼.	① 창고 같은 데에 쌓여 있음. ② 곳간에 쌓여 있는 상품, 물품. 예 ~조사(調査). ~투자(投資).	외상 매출금. 받을 어음 등의 채권이 거래처의 파산으로 인하여 회수(回收) 불능이 된 것. 예 ~상각(償却).	① 모자라는 것을 채우는 돈. ② 기말 결산시에 대손(貸損) 예상액을 처리할 때 보충법과 환입법으로 채우는 돈.	① 빌려 준 돈. ② 자금 융통으로 또는 신용에 의한 금전의 대차에 따르는 채권을 처리할 때 정하는 계정 과목. (자산 계정).

帳	簿	在	庫	貸	損	充	當	金	貸	與	金
치부책 장	장부 부	있을 재	곳집 고	빌릴 대	덜 손	찰 충	마땅할 당	돈 금	빌릴 대	줄 여	돈 금

名言金言 (명언금언)
◇ 인간은 수적(獸的)인 면과, 천사적인 면을 가지고 있다. 교육자의 목적은, 인간의 혼을 단련하여 천사적인 면으로 하여금 수적인 면을 이길 수 있도록 하는 것이다.
〈바하웰라〉

故事成語 (고사성어)
사상누각
沙上樓閣
모래 위에 세운 다락집. 기초가 약하여 자빠질 염려가 있거나 오래 유지 못할 일. 또는 실현 불가능한 일을 비유한 말.

借入金	未收金	先給金	先受金
차 입 금	미 수 금	선 급 금	선 수 금
① 꾸어 들인 돈. ② 사용 증서 또는 신용에 의한 금전의 대차에 따르는 채무를 처리할 때 정하는 계정 과목. (부채 계정).	① 다 거두지 못한 돈. ② 상품 매매 이외의 매매 거래에서 발생하는 일시적 채권을 처리하는 계정 과목.	① 삯 또는 대금을 미리 치룬 돈. ② 상품 등을 주고 받기 전에 착수금(着手金)·내입금(內入金)으로 매매 대금의 전부 또는 일부를 주고 받은 경우의 채권을 처리하는 계정 과목. (자산 계정).	① 물건 값을 미리 받은돈. ② 상품 등을 주고 받기 전에 착수금·내입금으로 매매 대금의 전부 또는 일부를 주고 받은 경우의 채무를 처리하는 계정 과목. (부채 계정).

借入金　未收金　先給金　先受金

빌 차	들 입	돈 금	아닐 미	거둘 수	돈 금	먼저 선	줄 급	돈 금	먼저 선	받을 수	돈 금

名言金言 (명언금언)
◆ 내가 인생을 알게 된 것은, 사람들과 접촉한 결과에 의한 것이 아니라, 책과 접촉한 결과였다. 〈프랑스〉

故事成語 (고사성어)
붕우책선　朋友責善　　벗끼리 서로 좋은 일을 권함.

不渡	先貸金	豫收金	假支給金
부　도	선　대　금	예　수　금	가　지　급　금
① 수표에 쓰인 금액을 받을 수 없는 일. ② 지급 기일에 대금 결재가 이루어지지 않는 것. 예 ~어음.	① 치를 돈에서 치를 기한 안에 먼저 꾸어준 돈(자산계정). ② 장차 현금으로 받아들일 채권 또는 종업원에게 급료를 선대한 경우의 채권을 처리하는 계정 과목.	① 개산금(槪算金) 중에서 미리 받는 돈. ② 원천 소득세를 공제하였을 경우의 채무(부채 계정). ③ 장차 현금으로 지급해야 할 일시적 채무를 처리하는 계정 과목.	현금은 받았으나 계정과목 또는 금액이 미정인 경우의 채권(자산 계정)을 일시적으로 처리하는 계정 과목.

不渡　先貸金　豫收金　假支給金

아니부	건널도	먼저선	빌릴대	돈금	미리예	받을수	돈금	임시가	줄지	줄급	돈금

假受金	未決算	有價證券	背書
가　수　금	미　결　산	유　가　증　권	배　서
현금은 받았으나 계정 과목 또는 금액이 미정인 경우의 채무(부채 계정)를 일시적으로 처리하는 계정 과목.	① 아직 결산하지 못함. ② 어떤 사건이 해결되지 않아 금액의 수수(授受)가 확정되지 않은 거래를 일시적으로 처리하는 계정 과목.	① 사법상의 재산권을 표시하는 증권. ② 일시적으로 소유하는 공채 증서(公債證書). 사채권(社債券)·주권(株券) 등 자본 증권의 매매를 처리하는 자산 계정.	① 정보증인이 의무를 이행 못할 경우, 뒤에서 대신 보증인의 의무를 이행하는 일. ② 증권이나 어음 뒤에 아무에게 양도한다는 뜻을 글로 적는 일. 뒷보증. 이서. 즉 어음을 타인에게 기명 날인하여 양도하는 것.

假	受	金	未	決	算	有	價	證	券	背	書
임시 가	받을 수	돈 금	아닐 미	정할 결	셈할 산	있을 유	값 가	증거 증	문서 권	등 배	글 서

改書	委託	受託	減價償却	臺帳
개 서	위 탁	수 탁	감 가 상 각	대 장
① 다시 고쳐 씀. ② 지급 기일을 연기하는 것. ※받을 어음이나 지급어음에 모두 해당됨.	① 법률 행위나 사실 행위 등을 하는 것을 남에게 맡기는 일. ② 타 지방의 상인에게 상품 판매를 맡기는 것. 채권을 기록하는 계정.	① 부탁을 받음. ② 타 지방의 상인으로부터 상품 판매의 부탁을 받는 것. 채무를 기록하는 계정.	토지 이외의 고정 자산의 가치의 감소를 각 연도에 할당하여 그 자산의 가격을 감소시킴. ※ 비용 계정인 계정 과목.	토지·건물·비품 등의 고정 자산에 대한 상세한 내용을 기록하기 위한 보조 원장. (고정 자산 대장).

改	書	委	託	受	託	減	價	償	却	臺	帳
고칠 개	글 서	맡길 위	부탁할 탁	받을 수	부탁할 탁	덜 감	값 가	갚을 상	물리칠 각	돈 대	치부책 장

株式會社	授權	出資	增資	減資
주 식 회 사	수 권	출 자	증 자	감 자
주주(株主)로써 조직된 유한 책임(有限責任)의 형식인 회사. ※자본회사의 전형. 기업의 소유와 경영이 분리되는 것이 특징임.	① 대리권을 수여하는 법률 행위. ② 회사가 발행할 수 있는 주식의 총수를 설립시에 반 이상을 발행하고 나머지는 이사회의 결의에 따라 발행할 수 있는 제도.	자금을 냄. 또는 그 자금. ※ 주식회사 설립시는 발기인에 한하여 현물 출자가 인정됨. (현금 출자가 원칙임).	자본을 늘임. 반 감자(減資). ※ 회사의 자본금을 증가시키는 일. 실질적 (유상) 증자와 형식적 (무상)증자.	① 밑천을 줄임. ※ 회사의 자본금을 감소시키는 일. 실질적 (유상)감자와 형식적 (무상) 감자.

| 株 주식주 | 式 법식 | 會 모을회 | 社 단체사 | 授 줄수 | 權 권세권 | 出 날출 | 資 자본자 | 增 더할증 | 資 재물자 | 減 덜감 | 資 재물자 |

故事成語
(고사성어)

양호유환
養虎遺患   화근을 길러 근심을 산다는 말.

商　業 ⑪

剩餘金	處分	移延	社債	積立金
잉 여 금	처 분	이 연	사 채	적 립 금
① 기업체의 순자산액을 초과하는 금액. 이익 잉여금과 자본 잉여금. ② 주식 회사의 법적 자본금을 초과하는 금액.	① 일을 처리함. ② 이미 있는 권리의 객체에 변동을 일으키는 일. ※ 결산의 결과 순이익이 발생하면 이를 미처분 이익 잉여금 계정의 대변에 대체하여 이월시키는 행위.	창업비·개발비·주 발행비·사채 발행비 등의 자산을 말하며, 유동 자산·고정 자산과 대립되는 자산의 구분 항목임.	주식회사가 사채권(社債券)을 발행하여 일반으로부터 자금을 차입(借入)하는 것. ※ 기업 자금의 조달(調達) 형태.	① 은행·회사 따위에서 이익금의 일부를 보류하여 장래에 준비하는 돈. ② 준비금. ※ 감채 기금(減債基金)·감채 적립금(減債積立金).

剩　餘　金　　處　分　　移　延　　社　債　　積　立　金

남을 잉	남을 여	돈 금	처리할 처	나눌 분	옮길 이	이을(끌) 연	단체 사	빚 채	쌓을 적	설 립	돈 금

償還	財務諸表	税務	所得	法人
상　환	재　무　제　표	세　무	소　득	법　인
①빚을 갚음. ②대상(代償)으로 돌려줌. ③발행된 사채(社債)를 회수하기 위하여 대금을 지급하는 것.	① 손익 계산서. ② 이익 잉여금 처분 계산서. ③ 결손금 처리 계산서. ④ 대차 대조표. ⑤ 각 부속 명세서 따위를 통틀어 말함. ※ 규칙에 종류를 규정하고 있음.	① 세금을 매기고 거두어 들이는 행정 사무. ② 기업의 소득에 대한 세금을 부과하는 업무.	① 자기 소유가 됨. ② 생긴 이익. ③ 생산에 관계한 사람이 일정 기간에 받는 보수. ④ 개인의 일정 기간에 발생된 모든 이익.	① 법률상으로 인격이 주어진 권리. ② 의무의 주체. 反 자연인. 例 재단~. 사단~. ~체.

償	還	財	務	諸	表	税	務	所	得	法	人
갚을 상	돌아올 환	재물 재	일(직무) 무	여러 제	표 표	세금 세	일 무	바 소	얻을 득	법 법	사람 인

商　　業 ⑬

合名	合資	有限	組合	傳票	控除
합 명	합 자	유 한	조 합	전 표	공 제
공동으로 책임을 지기 위하여 이름을 함께 씀. ※합명 회사~ 각 사원이 연대적으로 무한 책임을 지는 회사.	각 사람의 자본을 합함. ※합자 회사 ~ 무한 책임 사원과 유한책임 사원으로 조직되는 회사.	일정한 한도가 있음. ※유한 책임 사원 ~ 책임의 한도액을 정한 사원. 유한 회사. ⑫무한 (無限).	① 두 사람 이상이 출자하여 공동 사업을 경영하는 단체. ②같은 직업에 종사하는 사람들의 단체. ※협동 조합. 공제 조합 등.	은행·회사 등에서 금전 출납을 적은 작은 쪽지. 즉 거래 날짜·계정 과목·거래 내용·거래처 등이 기입됨.	받을 돈이나 물품 등에서 물거나 덜어야 할 것을 빼어 버림. 내부 이익을 기말 재고액에서 공제하지 않으면 올바른 결산을 할 수 없다.

合	名	合	資	有	限	組	合	傳	票	控	除
합 할합	이름 명	합 할합	재물 자	있을 유	한정한 한	짤 조	합 할합	전 할전	표 표	덜 공	덜 제

資 料	財 政	殘 額	諸 稅	公 課	雜 費
자 료	재 정	잔 액	제 세	공 과	잡 비
① 재료. ② 물건을 만드는 데 필요한 원료. ③ 예술적 표현의 제재. ④ 세무상 필요한 과표.	① 개인의 금융. ② 국가 또는 공공 단체가 그 유지 발전의 목적을 달성하기 위하여 수입을 획득하여 경비를 지출하는 경제적 행위.	① 나머지 돈 액수. ② 수지(收支) 또는 대차(貸借) 계산을 한 나머지. 🄑 잔고(殘高). 🄓 수지 ~.	여러 가지 세금. ※ 국세(國稅)와 지방세(地方稅). 🄓 ~공과금(公課金).	국가나 공공 단체가 국민에게 부과하는 공법상의 부담. ※ 수리 조합비·전기료·수도료·오물 수거료 등. 🄓 제세 ~금.	여러 가지 자질구레하게 쓰이는 돈. 🄑 잡용(雜用). ※ 어느 계정 과목에도 포함되지 않는 지출금.
資 料	財 政	殘 額	諸 稅	公 課	雜 費
재물 자 / 거리 료	재물 재 / 정사 정	남을 잔 / 수량 액	여러 제 / 세금 세	공변될 공 / 부과할 과	쉴 잡 / 비용 비

名言金言 (명언금언)	❖ 우리가 가야 할 곳, 아니, 가는 길은 향락도 슬픔도 아니고, 저마다 내일이 오늘보다 낫도록 행동하는 그것이 인생이니라. 〈롱펠로우「人生禮讚」〉
故事成語 (고사성어)	십벌지목 十伐之木 '열 번 찍어서 아니 넘어가는 나무가 없다'와 같은 뜻.

利子	貸換	試算表	手票	精算書
이　자	대　환	시　산　표	수　표	정　산　서
① 변리(邊利). 이식(利殖). ② 화폐 이용의 대상(代償)으로서 지불되는 금액. 魢 원금(元金).	상품을 발송하고 화물 상환증을 담보로 하여 거래 은행(또는 자기) 영수의 환어음을 발행하여 은행에 할인을 요하는 것.	부기의 원장에 올린 것이 맞는가 안 맞는가를 알아 보기 위하여 각 계정의 대차의 합계, 차감 잔액을 기입하는 표.	당좌 예금자가 그 예금을 자기나 남에게 지불시키기 위하여 발행하는 표쪽. ※ 당좌 수표(當座手票)와 자기 앞 수표.	세밀한 계산. 魢 개산서(槪算書). ※ 잔액 시산표를 분해하여 손익 계산서와 대차 대조표를 작성하는 과정을 나타내는 일람표를 말함.

利	子	貸	換	試	算	表	手	票	精	算	書
이자 리	아들 자	빌릴 대	바꿀 환	시험할 시	셈할 산	표 표	손 수	표 표	자세할 정	셈할 산	글 서

故事成語
(고사성어)

온고지신
溫故知新
　옛 것을 익히고 그것으로 미루어서 새 것을 앎.

略 字 · 俗 字 〈약자 · 속자〉

현재 우리 社會와 言論 · 學界에서 가장 많이 쓰이고 있는 略字 · 俗字를 뽑았읍니다. 寫眞을 〈写真〉, 證據를 〈証拠〉, 擔當을 〈担当〉 따위로 획수를 줄여서 간단하게 쓰는 방법입니다. 바쁜 일상생활에 매우 편리하게 사용할 수 있읍니다.

※ 이웃 日本에서는 新聞 · 雜誌 · 敎科書에도 略字가 있는 글자는 모두 正字를 쓰지 않고 略字로 씁니다. 그러므로 日本語 學習에는 略字 · 俗字를 알아두는 것이 必須要件이 됩니다.

假	價	覺	擧	據	儉	儉	輕	經	徑	鷄	繼	館
仮	価	覚	挙	拠	倹	検	軽	経	径	雞	継	舘
거짓 가	값 가	깨달을 각	들 거	의지할 거	검소할 검	검사할 검	가벼울 경	지날 경	지름길 경	닭 계	이을 계	집 관

關	觀	廣	鑛	敎	區	嘔	歐	鷗	舊	驅	國	權
関	観	広	鉱	教	区	呕	欧	鸥	旧	駆	国	権
빗장 관	볼 관	넓을 광	쇳돌 광	가르칠 교	구역 구	토할 구	노래할 구	갈매기 구	예 구	몰 구	나라 국	권세 권

勸	歸	龜	氣	旣	內	惱	腦	單	團	擔	膽	斷
勧	帰	亀	気	既	内	悩	脳	単	団	担	胆	断
권할 권	돌아올 귀	거북 귀	기운 기	이미 기	안 내	괴로와할 뇌	뇌 뇌	홑 단	둥글 단	멜 담	쓸개 담	끊을 단

當	黨	對	德	圖	同	讀	獨	燈	亂	覽	來	兩
当	党	対	德	図	全	読	独	灯	乱	覧	来	両
당할 당	무리 당	대할 대	큰 덕	그림 도	한가지 동	읽을 독	홀로 독	등불 등	어지러울 란	볼 람	올 래	둘,짝 량

勵	歷	練	戀	聯	獵	禮	勞	爐	綠	賴	龍	樓
励	歷	練	恋	聯	猟	礼	労	炉	緑	頼	竜	楼
힘쓸 려	지낼 력	익힐 련	사모할 련	잇닿을 련	사냥할 렵	예절 례	수고로울 로	화로 로	푸를 록	의지할 뢰	용 룡	다락 루

屢	萬	滿	灣	蠻	賣	麥	脈	彌	半	發	拜	變
屡	万	満	湾	蛮	売	麦	脉	弥	半	発	拝	変
자주 루	일만 만	찰 만	물굽이 만	오랑캐 만	팔 매	보리 맥	맥 맥	두루꿰맬 미	반 반	일어날 발	절 배	변할 변

辯	邊	竝	寶	拂	佛	濱	冰	絲	寫	辭	産	澁
弁	辺	並	宝	払	仏	浜	氷	糸	写	辞	産	渋
말잘할 변	가 변	나란할 병	보배 보	떨어버릴 불	부처 불	물가 빈	얼음 빙	실 사	베낄 사	말씀 사	낳을 산	떫을 삽

敍	釋	纖	攝	聲	燒	續	屬	收	數	輸	獸	壽
叙	釈	繊	摂	声	焼	続	属	収	数	輸	獣	寿
펼, 쓸 서	풀 석	가늘 섬	끌어잡을 섭	소리 성	불사를 소	이을 속	붙을 속	거둘 수	수 수	실어낼 수	짐승 수	목숨 수

肅	濕	乘	蠅	繩	實	雙	兒	亞	惡	樂	巖	壓
肃	湿	乗	蝿	縄	実	双	児	亜	悪	楽	岩	圧
엄숙할 숙	젖을 습	탈 승	파리 승	새끼,줄 승	열매 실	짝 쌍	아이 아	버금 아	악할 악	풍류 악	바위 암	누를 압

藥	讓	嚴	餘	與	驛	淵	鹽	榮	營	譽	豫	藝
薬	譲	厳	余	与	駅	淵	塩	栄	営	誉	予	芸
약 약	사양할 양	엄할 엄	남을 여	줄 여	역말 역	못 연	소금 염	영화 영	경영할 영	기릴 예	미리 예	재주 예

溫	圓	鬱	圍	爲	陰	應	醫	貳	壹	姉	殘	蠶
溫	円	欝	囲	為	陰	応	医	弐	壱	姉	残	蚕
따뜻할 온	둥글 원	답답할 울	둘러쌀 위	할 위	그늘 음	응할 응	의원 의	둘 이	하나 일	누이 자	남을 잔	누에 잠

雜	壯	莊	爭	戰	錢	傳	轉	點	靜	淨	齊	濟
雑	壮	庄	争	战	銭	伝	転	点	静	浄	斉	済
섞일 잡	씩씩할 장	별장 장	다툴 쟁	싸움 전	돈 전	전할 전	구를 전	점 점	고요할 정	깨끗할 정	가지런할 제	건질 제

劑	條	弔	從	縱	晝	鑄	卽	曾	增	證	眞	盡
劑	条	吊	従	縦	昼	鋳	即	曽	増	証	真	尽
약지을 제	조목 조	조상할 조	좇을 종	세로 종	낮 주	부어만들 주	곧 즉	일찍 증	더할 증	증거할 증	참 진	다할 진

贊	讚	參	慘	册	處	淺	踐	賤	鐵	廳	體	遞
賛	讚	参	惨	冊	処	浅	践	賎	鉄	庁	体	逓
찬성할 찬	기릴 찬	참여할 참	참혹할 참	책 책	곳 처	얕을 천	밟을 천	천할 천	쇠 철	관청 청	몸 체	바꿀 체

觸	總	蟲	醉	齒	稱	彈	澤	擇	廢	豐	學	解
触	総	虫	酔	歯	称	弾	沢	択	廃	豊	学	解
닿을 촉	모두 총	벌레 충	술취할 취	이 치	일컬을 칭	탄알 탄	못 택	가릴 택	폐할 폐	풍성할 풍	배울 학	풀 해

鄕	虛	獻	驗	顯	縣	畫	歡	會	繪	回	效	黑
郷	虚	献	験	顕	県	画	歓	会	絵	回	効	黒
시골 향	빌 허	드릴 헌	시험할 험	나타날 현	고을 현	그림 화	기뻐할 환	모을 회	그림 회	돌아올 회	효험 효	검을 흑

右	右				因	因		
左	左				多	多		
必	必				地	地		
永	永				安	安		
生	生				州	州		
石	石				式	式		
皮	皮				至	至		
立	立				舌	舌		
交	交				否	否		
光	光				局	局		
共	共				困	困		
合	合				役	役		
各	各				志	志		
同	同				成	成		

步	步					店	启				
良	良					念	念				
沒	沒					或	或				
私	私					昏	昏				
走	走					松	松				
辰	辰					波	波				
言	言					爭	爭				
里	里					返	返				
事	事					長	長				
來	来					客	客				
其	其					急	急				
固	固					屋	屋				
定	定					政	政				
妻	妻					星	星				

								門	門					風	風
								非	非					飛	飛
								映	映					乗	栗
								春	春					原	原
								段	段					員	貞
								派	派					孫	孫
								皇	皇					城	城
								約	約					家	家
								美	美					島	島
								者	者					径	径
								訂	訂					怨	怨
								貞	貞					料	料
								追	追					時	時
								音	音					根	根

殉	殉				國	國		
浩	浩				商	商		
病	病				堂	堂		
眠	眠				域	域		
破	破				婚	婚		
秩	秩				密	密		
納	納				將	將		
能	能				帶	帶		
脈	脈				從	從		
起	起				族	族		
院	院				深	深		
務	務				淨	淨		
高	高				票	票		
參	參				移	移		

			富	富				累	累
			寒	寒				統	統
			景	景				訪	訪
			残	残				處	處
			湖	湖				通	通
			無	無				野	野
			為	為				雪	雪
			発	發				魚	魚
			硯	硯				勞	劳
			智	智				鹿	鹿
			童	童				麥	麦
			等	等				善	善
			答	答				場	場
			栽	栽				壹	壱

裂	裂				詩	詩			
象	象				路	路			
菊	菊				遂	遂			
費	費				電	電			
貳	弍				寢	寢			
隊	隊				屢	屢			
勢	勢				漢	漢			
感	感				端	端			
意	意				緊	緊			
溪	溪				綿	綿			
督	督				說	說			
經	経				銀	銀			
義	義				劍	劍			
蜂	蜂				彈	彈			

憂	憂				嶺	嶺
樂	樂				臨	臨
論	論				營	營
潛	潛				聰	聰
稿	稿				館	館
賞	賞				斷	斷
醉	醉				織	織
戰	戰				騎	騎
機	機				霧	霧
濃	濃				勸	勧
積	積				競	競
錢	錢				續	続
險	險				驗	験
靜	静				廳	庁

一字 多音 漢字

降	강·내리다	降雨量 (강우량)	**否**	부·아니	否定 (부정)	**食**	식·먹다	食堂 (식당)
	항·항복하다	降伏 (항복)		비·막히다	否塞 (비색)		사·밥	疏食 (소사)
更	갱·다시	更生 (갱생)	**北**	북·북녘	南北 (남북)	**識**	식·알다	知識 (지식)
	경·고치다	更張 (경장)		배·달아나다	敗北 (패배)		지·기록하다	標識 (표지)
車	거·수레	車馬費 (거마비)	**寺**	사·절	寺院 (사원)	**惡**	악·악하다	善惡 (선악)
	차·수레	車庫 (차고)		시·관청	太常寺 (태상시)		오·미워하다	憎惡 (증오)
見	견·보다	見聞 (견문)	**狀**	상·형상	狀態 (상태)	**易**	역·바꾸다	交易 (교역)
	현·나타나다	見夢 (현몽)		장·문서	賞狀 (상장)		이·쉽다	容易 (용이)
龜	귀·거북	龜鑑 (귀감)	**殺**	살·죽이다	殺生 (살생)	**切**	절·끊다	切斷 (절단)
	구·나라이름	龜茲 (구자)		쇄·감하다	相殺 (상쇄)		체·모두	一切 (일체)
	균·터지다	龜裂 (균열)						
金	금·쇠	金屬 (금속)	**塞**	새·변방	要塞 (요새)	**直**	직·곧다	正直 (정직)
	김·성	金氏 (김씨)		색·막다	塞源 (색원)		치·값	直錢 (치전)
茶	다·차	茶果 (다과)	**索**	색·찾다	思索 (사색)	**參**	참·참여하다	參席 (참석)
	차·차	茶禮 (차례)		삭·쓸쓸하다	索莫 (삭막)		삼·셋	參萬 (삼만)
度	도·법도	制度 (제도)	**說**	설·말씀하다	説明 (설명)	**推**	추·밀다	推理 (추리)
	탁·헤아리다	度地 (탁지)		세·달래다	遊説 (유세)		퇴·밀다	推敲 (퇴고)
				열·기쁘다	説乎 (열호)			
讀	독·읽다	讀書 (독서)	**省**	성·살피다	反省 (반성)	**則**	칙·법	規則 (규칙)
	두·구절	句讀點 (구두점)		생·덜다	省略 (생략)		즉·곧	然則 (연즉)
洞	동·마을	洞里 (동리)	**屬**	속·좇다	從屬 (종속)	**暴**	폭·갑자기	暴死 (폭사)
	통·통하다	洞察 (통찰)		촉·맡기다	屬託 (촉탁)		포·사납다	暴惡 (포악)
樂	락·즐기다	苦樂 (고락)	**帥**	수·장수	元帥 (원수)	**便**	편·편하다	便利 (편리)
	악·풍류	音樂 (음악)		솔·거느리다	帥兵 (솔병)		변·오줌	便所 (변소)
	요·좋아하다	樂山 (요산)						
率	률·비율	確率 (확률)	**數**	수·세다	數學 (수학)	**行**	행·다니다	行路 (행로)
	솔·거느리다	統率 (통솔)		삭·자주	頻數 (빈삭)		항·항렬	行列 (항렬)
復	복·회복하다	回復 (회복)	**拾**	습·줏다	拾得 (습득)	**畫**	화·그림	圖畫 (도화)
	부·다시	復活 (부활)		십·열	參拾 (삼십)		획·긋다	畫順 (획순)

一	一				參	參		
二	二				參	參		
三	三				拾	拾		
四	四				百	百		
五	五				阡	阡		
六	六				千	千		
七	七				萬	萬		
八	八				万	万		
九	九				億	億		
十	十				兆	兆		
壹	壹				整	整		
壱	壱				金	金		
貳	貳				額	額		
弐	弐				面	面		

아라비아 숫자 필법

1. 본 보 기

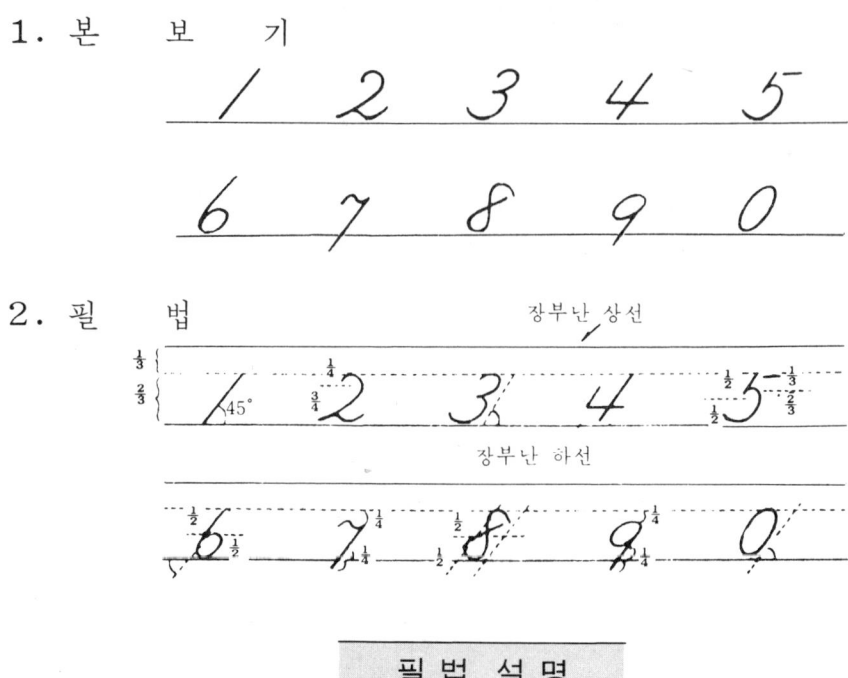

2. 필 법

필 법 설 명

　　당행에서 사용하는 아라비아 숫자 자체는 기장상의 체재와 속필의 효과 도말 개서의 방지까지도 고려하여 제정한 것이다. 숫자는 10자에 불과하나 은행 업무상은 물론 일상 생활에 있어서까지도 가장 많이 접촉하는 숫자이니만큼 다음 필법에 주의하여 조속히 필체를 고정시키도록 하여야 할 것이다.

　(1) 각자의 최하부는 장부난 하선에 접하여야 하며 (7, 9는 예외) 자획은 대략 45도의
　　　각도로 경사시키도록 한다.

　(2) 매자의 높이는 동일하며 장부난의 ⅔를 초과하여서는 아니 된다.

　(3) 7 및 9자는 약간 (각자 높이의 약 ¼) 내려서 써야 한다. 따라서 그만큼 자미 (字尾)
　　　가 장부난 하선을 뚫고 내려간다.

　(4) 2자의 첫 획은 전체 ¼ 되는 곳에서부터 쓰기 시작한다.

　(5) 3자의 둘레는 아래 둘레가 윗둘레보다 크다.

　(6) 4자는 내려 그은 양획이 평행하며 옆으로 그은 획은 장부난 하선에 평행하여야 한다.

　(7) 5자는 아래 둘레 높이가 전체 높이의 ⅔ 정도이다.

　(8) 6자는 아래 둘레 높이가 전체 높이의 ½ 정도이다.

　(9) 7자는 상부의 각형에 주의할 것.

　(10) 8자는 상하 둘레가 대략 같다.

　(11) 9자는 상부의 원형에 주의할 것.

(한 국 은 행 　제 공)

아라비아 숫자 필법

1 2 3 4 5 6 7 8 9 0

1 2 3 4 5 6 7 8 9 0

1 2 3 4 5 6 7 8 9 0

1 2 3 4 5 6 7 8 9 0

姜　順　浩
大邱市 壽城区 中洞 527-6
7 0 6 - 0 5 0

우표부치는 곳

金 仲守 貴下

서울特別市 麻浦区 西橋洞 203-16
1 2 1 - 2 1 0

❖ 편지 봉투 쓰는 요령 ❖

1 봉투의 글씨, 특히 받는 사람의 성명을 정자로 쓴다.
2 받는 사람의 주소는 한 줄로 쓰되, 길 경우에는 두 줄로 쓴다.
3 받는 사람의 이름은 주소의 글씨보다 좀 크게 하여 중앙에 쓴다.
4 보내는 사람의 주소와 이름은 조금 작게 쓴다.

○入學 祝賀 〈후배의 대학 입학에〉

全国의 秀才들이 아니고는 敢히 응시할 念
도 내지 못한다는 大学中의 大学인 K大学
에 자네가 優秀한 成績으로 合格하였
으니 얼마나 기쁘겠나.
試験도 또한 運数라는 말이 있으나 그것은
僥倖을 바라는 不成実한 敗者의 辯明 아
니면, 자네 같은 合格者가 겸손하는 말일래
지. 実力 試験에 무슨 運. 不運이 있겠는
가. 오로지 자네의 才質과 努力의 當然한
結果로서 얻은 기쁨의 榮冠일세.
앞으로 学業의 完成을 빌어 마지 않네.

엽서 쓰는 요령

1 엽서는 손아랫 사람이나 평범한 내용 등을 알릴 때 쓰는 것이 통례로 되어 있다.

2 대체로 받는 사람의 주소와 이름을 보내는 사람의 주소보다 크게 쓴다.

3 엽서에 편지를 쓸 때는 위아래와 왼쪽 오른쪽을 각각 6mm쯤 비워놓고 써야 한다.

4 가로줄 한 줄에는 글자 수가 15자에서 20자 정도 되게 하고, 줄 수는 열 두서너 줄 정도 되게 하는 것이 보기에도 아름답다.

우 편 엽 서

보내는 사람 尹 德宗
大邱市中区 71-16
信正出版社

7 0 0 - 4 4 0

받는 사람 李 忠和 貴下
서울特別市 乙支路3街 109
信榮紙業社 營業部

1 0 0 - 1 9 3

 매월 말일은 편지 쓰는 날입니다.

성탄 축하 편지

Merry Christmas

❖ 편지문 쓰는 요령 ❖

① 꾸밈 없는 성의가 있어야 한다.

② 인사를 잊지 말아야 한다.

③ 목적과 용건을 분명하게 써야 한다.

④ 쉬운 말·간결한 문장으로 써야 한다.

⑤ 글씨를 정성들여 써야 한다.

⑥ 예의를 갖추어야쓴다.

성탄절과 새해를　삼가 축하 하나이다

希望을 가득 안고 새 해가 찾아왔읍니다. 福 많이 받으십시오.

元旦

柳文洙 드림

全惠園 님

거룩한 救主誕生日을 祝賀 하오며 길이 主님의 사랑과 萬福을 누리시기 비나이다.

十二月二十五日

安美淑 올림

●X—마스 카아드는 깨끗한 백지에 진정 축하드릴 말을 손수 써서 보내는 것이 더 정다운 것이다.

◇ 紹 介 狀 ◇

※ 간단한 내용의 소개장은 명함의 앞뒤나 메모지에 쓸 수 있으나 자세
하게 써야 할 때 또는 존경할 자리에는 편지로 하는 것이 좋다.

惠園出版社　　大成企劃室
　　　　　　　朴 室長 貴下
代表　全 采 浩

서울特別市 麻浦區 東橋洞204-45

学校 同窓인 徐 俊浩君을
紹介합니다. 図案作成과 印
刷物 去來関係를 맺고자 하니
善處하여 즉시기 바랍니다.
1984, 10, 16.
姜 信用 拜

徐 社長 님

除私하옵고 새로 入社한 具
孃을 紹介합니다.
原稿를 貴社로 보내오니
査收하여 즉시기 바랍니다.
八四年 十月 三十日
文海源 올림

소개나 부탁의 편지는 상대에게　폐
를 끼치며 도움을 청하는 경우이기 쉬
우므로 그 내용이 정중해야 한다.

그리고, 사절의 편지는 바쁘다는 이
유 등으로 그냥 냉정히 거절해 버리지
말고, 거절한다기 보다 사죄나 양해를
구한다는 기분으로 역시 정중하게　써
야 한다.

잘가노라 닽지말며
못가노라 쉬지말라
부디 굿지말고 흐름을 아껴쓰라.
가다가 중지 곳하면
아니감만 못하리라.

김천택 지음

---

* 진달래 꽃

김 소 월(金素月)

나 보기가 역겨워
가실 때에는
말없이 고이 보내 드리우리다.
영변(寧邊)에 약산(藥山)
진달래꽃
아름따다 가실 길에 뿌리우리다.
가시는 걸음 걸음
놓인 그 꽃을
사뿐히 즈려 밟고 가시옵소서.
나 보기가 역겨워 가실 때에는
죽어도 아니 눈물 흘리우리다.

· 원고 용지는, 이것을 바탕으로 하여 인쇄한다든지, 정식 문서에 청서하게 되는 것이므로, 누구나 보고 곧 알 수 있게 또렷하게 써야하며, 띄어쓰기, 단락을 분명하게 하여야 한다.

◈ 쓰는 법

① 보통의 경우 제목은 2행째의 4째칸이나 5째칸부터 쓴다. 성명은 1행 띄어서 4행째에 쓴다.
② 글의 시작은 1자 비우고 쓴다. 그리고, 단락을 짓고, 줄을 바꾸어 쓸 때도 1자 비우고 쓴다.
③ 여러 가지 부호도 1자로 계산하여 쓴다.
④ 행의 맨 끝에 비울 칸이 없을 때는 V표를 지른다.
⑤ 글을 다 쓴 후에 빠진 말이 있을 경우에는, 행과 행 사이의 긴 흰 줄에 써 넣는다.

옥	남	은		풀	밭		속	에		가	만	히	누	워	서		바	라	보
고		하	늘	을		있	었	다											
	얼	른		보	면		그	저		한		빛	으	로		푸	른		하
늘		같	지	마	는,		들	여	다	보	면		가	만	히		눈	에	
보	일	락	말	락	한		구	름	들	이		수	없	이		오	락		가
락		하	였	다		그	것	은		마	치		상	긋	한		베	일	과

◈ 교정 부호

기　　호	설　　명	교　정　예	교 정 결 과
∨	語(字)間을 떼라	교정의의이	교정의 의이
⌒	語(字)間을 붙이라	교정이라 함은	교정이라 함은
ℓ	活字를 바로 세우라	교정자와	교정자와
어ㄴ	誤字를 고쳐라	원고와를	원고와를
ℓℓ	除去하라	대조조하여	대조하여
⦿꼬	꼬딕體로 바꿔라	문자·배열·색	문자·배열·색
⦿明	明朝體로 바꿔라	기타의 틀린 점,	기타의 틀린 점,
ꜛ	先後를 바꿔라	점 등을 불비한	불비한 점 등을
←┤┝→	左(右)로 내(너)라	← 교정지에	교정지에
⌐	行을 이으라	주로 붉은 잉크로	주로 붉은 잉크로
⌐	行을 바꿔라	記入訂正하는 일을 말한다	記入訂正하는 일을 말한다
⌒6P	活字 크기를 바꿔라	(새한글 사전에서)	(새한글 사전에서)
⊓⊔	줄을 고르게 하라	校正은 參校를	校正은 參校를
↵	句讀點을 넣어라	原則으로 한다	原則으로 한다.

이 력 서

사 진	성 명	朴貞信 ㊞	주민등록번호 690317-2960711

생년월일　서기 *1969*년 *3*월*17*일　　（만 *20* 세）

주　　소	서울市 中区 筆洞 204-45

호 적 관 계	호주와의 관계	朴英浩의子	호주성명	朴英浩

년	월	일	학 력 및 경 력 사 항	발 령 청
1982	2	10	安山國民学校卒業	
1985	2	7	安山女子中学校卒業	
1985	3	4	信一女子商業高等	
			学校 入学	
1988	1	10	上記学校 卒業	
1986	11	5	珠算検定 2級 合格	商工会議所
1987	6	15	簿記検定 2級 合格	商工会議所
1987	10	8	打字検定 2級 合格	商工会議所
			위의 내용과 틀림이 없음	
			1989. 4. 5.	
			朴 貞 信 ㊞	

李(이)	沈(심)	黃(황)	郭(곽)	河(하)	孔(공)	卜(복)	仇(구)	于(우)	桂(계)
金(김)	安(안)	曹(조)	卞(변)	蘇(소)	王(왕)	芮(예)	明(명)	秋(추)	彭(맹)
朴(박)	許(허)	呂(여)	邊(변)	池(지)	劉(유)	牟(모)	葉(섭)	桓(환)	千(천)
鄭(정)	張(장)	梁(양)	愼(신)	奇(기)	秦(진)	魯(노)	皮(피)	胡(호)	片(편)
尹(윤)	閔(민)	禹(우)	慶(경)	陳(진)	卓(탁)	玉(옥)	甘(감)	伊(이)	葛(갈)
崔(최)	任(임)	羅(나)	白(백)	琴(금)	咸(함)	丘(구)	鞠(국)	榮(영)	章(장)
柳(유)	林(임)	孫(손)	全(전)	吉(길)	楊(양)	宣(선)	承(승)	史(사)	程(정)
洪(홍)	南(남)	盧(노)	康(강)	延(연)	薛(설)	都(도)	公(공)	異(이)	京(경)
申(신)	徐(서)	魚(어)	嚴(엄)	朱(주)	奉(봉)	蔣(장)	石(석)	龐(방)	藩(번)
權(권)	具(구)	睦(목)	高(고)	周(주)	太(태)	魏(위)	印(인)	溫(온)	施(시)
趙(조)	成(성)	蔡(채)	田(전)	廉(염)	馬(마)	車(차)	昔(석)	龍(용)	南宮(남궁)
韓(한)	宋(송)	丁(정)	玄(현)	房(방)	表(표)	邢(형)	杜(두)	夫(부)	皇甫(황보)
吳(오)	俞(유)	裵(배)	文(문)	潘(반)	殷(은)	韋(위)	賓(빈)	景(경)	鮮于(선우)
姜(강)	元(원)	孟(맹)	尚(상)	方(방)	余(여)	唐(당)	門(문)	錢(전)	司空(사공)

◉ 經濟企劃院이 一九六○年의 全國 人口센서스를 土台로 最近에 集計한 바에 따르면 우리 나라 姓氏는 三二六種으로 밝혀졌다. 그 중 十大姓은 金·李·朴·崔·鄭·趙·姜·張·韓·尹씨 등이고 稀姓은 一·合·板·栗·時·書·象·敦·苗·虎씨 등이다.

文教部選定 教育用 漢字
〈音部索引 1,800字〉

ㄱ

| 가 | 加 더할 가 | 可 옳을 가 | 佳 아름다울가 | 架 설할가 | 家 집 가 | 街 거리 가 | 假 거짓가 | 暇 겨를가 | 歌 노래가 | 價 값 가 | 각 | 各 각각각 | 角 뿔 각 |

却 물리칠각 刻 새길각 脚 다리각 閣 누각각 覺 깨달을각 간 干 방패간 刊 책펴낼간 肝 간 간 看 볼 간 間 사이간 姦 간사할간 幹 줄기간 簡 간략할간

懇 간절할간 諫 간할간 奸 간음할간 갈 渴 목마를갈 竭 다할갈 감 甘 달 감 敢 구태여감 減 덜 감 感 느낄감 監 감독할감 鑑 살필감 갑

甲 갑옷갑 강 江 물 강 強 강할강 降 내릴강 剛 군셀강 康 편안할강 綱 벼리강 鋼 강철강 講 강론할강 개 介 낄 개 改 고칠개 皆 모두개

個 낱 개 開 열 개 蓋 덮을개 慨 분할개 概 대개개 객 客 손 객 갱 更 다시갱고칠경 거 巨 클 거 去 갈 거 車 수레거 拒 막을거

居 살 거 距 멀어질거 據 의거할거 擧 들 거 건 件 사건건 建 세울건 健 군셀건 乾 하늘건 걸 傑 호걸걸 검 劍 칼 검 儉 검소할검

檢 검사할검 게 憩 쉴 게 격 格 법식격 激 격동할격 擊 칠 격 견 犬 개 견 見 볼견(현) 肩 어깨견 堅 군을견 絹 비단견 遣 보낼견

결 決 정할결 缺 이지러질결 結 맺을결 訣 이별할결 潔 깨끗할결 겸 兼 겸할겸 謙 겸손할겸 경 京 서울경 庚 천간경 耕 밭갈경 竟 마침내경

景 볕 경 頃 때 경 徑 지름길경 敬 공경경 硬 군을경 傾 기울경 經 경서경 卿 벼슬경 境 지경경 鏡 거울경 輕 가벼울경 慶 경사경 警 경계할경 驚 놀랄경

競 다툴경 계 系 이을계 戒 경계할계 季 철 계 界 지경계 癸 천간계 契 맺을계(글) 係 맬 계 計 셈할계 桂 계수나무계 階 섬돌계 啓 열 계 械 기계계

溪 시내계 繼 이을계 鷄 닭 계 고 古 옛 고 告 고할고 考 상고할고 固 군을고 苦 괴로울고 故 연고고 姑 시어미고 枯 마를고 高 높을고 孤 외로울고

庫 창고고 雇 더부살이고 稿 볏짚고 鼓 북 고 顧 돌아볼고 곡 曲 굽을곡 谷 골 곡 哭 울 곡 穀 곡식곡 곤 困 곤할곤 坤 땅 곤 골

骨 뼈 골 공 工 장인공 孔 구멍공 公 공변될공 功 공 공 共 함께공 攻 칠 공 供 이바지할공 空 하늘공 貢 바칠 공 恭 공손할공 恐 두려울공 과

戈 칠과 瓜 외 과 果 과실과 科 과목과 過 지날과 誇 자랑할과 課 매길과 寡 적을과 곽 郭 성곽곽 관 官 벼슬관 冠 갓 관 貫 관향관

寬 管 慣 關 觀 [광] 光 廣 鑛 [괘] 掛 [괴] 怪 愧
너그러울관 주관할관 익숙할관 관계할관 볼 관 　 빛 광 넓을광 쇳덩이광 　 걸 괘 　 괴이할괴 부끄러울괴

塊 壞 [교] 交 巧 郊 校 敎 較 橋 矯 [구] 九 口
흙덩어리괴 무너질괴 　 사귈교 공교할교 들 교 학교교 가르칠교 비교할교 다리교 바로잡을교 　 아홉구 입 구

久 丘 句 求 究 拘 狗 苟 具 俱 區 救 球 構
오랠구 언덕구 글귀구(귀) 구할구 궁구할구 잡을구 개 구 구차할구 갖출구 함께구 구역구 구원할구 구슬구 얽을구

舊 龜 懼 驅 鷗 [국] 局 菊 國 [군] 君 軍 郡 群
옛 구 거북구(귀) 두려워할구 몰 구 갈매기구 　 판 국 국화국 나라국 　 임금군 군사군 고을군 무리군

[굴] 屈 [궁] 弓 宮 窮 [권] 券 卷 拳 勸 權 [궐]
　 굽을굴 　 활 궁 궁궐궁 궁할궁 　 문서권 굽을권 주먹권 권할권 권세권

厥 [귀] 鬼 貴 歸 [규] 叫 規 閨 [균] 均 菌 [극] 克
그 궐 　 귀신귀 귀할귀 돌아올귀 　 부르짖을규 법 규 안방규 　 고를균 버섯균 　 이길극

極 劇 [근] 斤 近 根 僅 勤 謹 [금] 今 金 禁 琴
지극할극 연극극 　 근 근 가까울근 뿌리근 겨우근 부지런할근 삼갈근 　 이제금 쇠금(김) 금할금 거문고금

禽 錦 [급] 及 急 級 給 [긍] 肯 [기] 己 企 忌 技
날짐승금 비단금 　 미칠급 급할급 등급급 줄 급 　 즐길긍 　 천간기 꾀할기 꺼릴기 재주기

氣 寄 基 飢 期 欺 旗 奇 祈 其 紀 豈 記 起
기운기 붙을기 터 기 주릴기 기약기 속일기 기 기 기이할기 빌 기 그 기 기강기 어찌기 기록할기 일어날기

旣 幾 棄 器 畿 機 騎 [긴] 緊 [길] 吉
이미기 몇 기 버릴기 그릇기 경기기 틀 기 말탈기 　 요긴할긴 　 길할길

ㄴ

[나] 那 [낙] 諾 [난] 暖 難 [남] 男 南 [납] 納 [낭] 娘
　 어찌나 　 허락낙 　 따뜻할난 어려울난 　 사내남 남녘남 　 들일납 　 각시낭

[내] 乃 內 奈 耐 [녀] 女 [년] 年 [념] 念 [녕] 寧 [노]
　 이에내 안 내 어찌내(나) 견딜내 　 계집녀 　 해 년 　 생각념 　 편안할녕

奴 努 怒 [농] 農 濃 [뇌] 惱 腦 [능] 能 [니] 泥
종 노 힘쓸노 성낼노 　 농사농 걸쭉할농 　 번뇌할뇌 머릿골뇌 　 능할능 　 진흙니

ㄷ

[다] 多 茶 [단] 丹 旦 但 段 短 單 端 團 壇 檀
　 많을다 차다(차) 　 붉을단 아침단 다만단 층계단 짧을단 홑 단 끝 단 둥글단 단 단 박달나무단

斷 [달] 達 [담] 淡 談 潭 擔 [답] 畓 答 踏 [당] 唐
끊을단　통달할달　묽을담 말씀담 못담 질담　논답 대답할답 밟을답　당나라당

堂 當 糖 黨 [대] 大 代 待 帶 貸 隊 對 臺 [덕]
집당 마땅할당 엿당(탕) 무리당　큰대 대신할대 기다릴대 띠대 빌릴대 떼대 대할대 대대

德 [도] 刀 到 度 挑 途 陶 徒 逃 桃 倒 島 都
큰덕　칼도 이를도 법도(탁) 돋울도 길도 질그릇도 무리도 달아날도 복숭아도 넘어질도 섬도 도읍도

渡 盜 道 跳 圖 稻 導 [독] 毒 督 獨 篤 讀 [돈]
건널도 도둑도 길도 뛸도 그림도 벼도 이끌도　독할독 감독할독 홀로독 두터울독 읽을독(두)

豚 敦 [돌] 突 [동] 冬 同 東 洞 桐 凍 動 童 銅
돼지돈 두터울돈　부딪칠돌　겨울동 한가지동 동녘동 고을동(통) 오동나무동 얼동 움직일동 아이동 구리동

[두] 斗 杜 豆 頭 [둔] 鈍 [득] 得 [등] 登 等 燈
말두 아가위두 콩두 머리두　무딜둔　얻을득　오를등 무리등 등잔등

ㄹ

[라] 羅 [락] 洛 落 樂 [란] 卵 亂 蘭 欄 爛 [람] 濫
그물라　물이름락 떨어질락 즐길락(악·요)　알란 어지러울란 난초란 난간란 빛날란　넘칠람

覽 藍 [랑] 郎 浪 朗 廊 [래] 來 [랭] 冷 [략] 掠 略
푸를람 볼람　사내랑 물결랑 밝을랑 곁채랑　올래　찰랭　노략질할략 간략할략

[량] 良 兩 涼 梁 量 諒 糧 [려] 旅 慮 勵 麗 [력]
어질량 둘량 서늘할량 들보량 헤아릴량 양해할량 양식량　나그네려 생각할려 힘쓸려 고울려

力 曆 歷 [련] 連 蓮 練 聯 鍊 憐 戀 [렬] 列 劣
힘력 책력력 지낼력　이을련 연꽃련 익힐련 연합할련 단련할련 불쌍히여길련 사모할련　벌일렬 용렬할렬

烈 裂 [렴] 廉 [령] 令 零 領 嶺 靈 [례] 例 禮 [로]
매울렬 찢을렬　청렴할렴　명령할령 영령 거느릴령 재령 신령령　법식례 예도례

老 勞 路 爐 露 [록] 鹿 祿 綠 錄 [론] 論 [롱] 弄
늙을로 수고할로 길로 화로로 이슬로　사슴록 녹록 초록빛록 기록할록　의논할론　희롱할롱

[뢰] 雷 賴 [료] 了 料 [룡] 龍 [루] 累 淚 屢 漏 樓
우뢰뢰 의지할뢰　마칠료 헤아릴료　용룡　포갤루 눈물루 여러루 샐루 다락루

[류] 流 柳 留 類 [륙] 六 陸 [륜] 倫 輪 [률] 律 栗
흐를류 버들류 머무를류 무리류　여섯륙 뭍륙　인륜륜 바퀴륜　법률 밤률

率 [륭] 隆 [릉] 陵 [리] 吏 李 利 里 理 梨 裏 履
비율률　성할륭　언덕·무덤릉　관리리 오얏리 이로울리 마을리 이치리 배리 속리 밟을리

離 <u>리</u> 隣 <u>린</u> 林 臨 <u>립</u> 立 笠
떠날리　이웃린　수풀림 임할림　설립 삿갓립

口

<u>마</u> 馬 麻 磨 <u>막</u> 莫 漠 幕 <u>만</u> 晚 萬 漫 慢 滿
말마 삼마 갈마　없을막 사막막 장막막　늦을만 일만만 부질없을만 거만할만 찰만

灣 蠻 <u>말</u> 末 <u>망</u> 亡 妄 忙 忘 罔 茫 望 <u>매</u> 梅
물굽이만 오랑캐만　끝말　망할망 망령될망 바쁠망 잊을망 없을망 망망할망 바랄망　매화나무매

媒 賣 每 媒 埋 買 <u>맥</u> 麥 脈 <u>맹</u> 盲 孟 猛 盟
중매매 팔매 매양매 아랫누이매 묻을매 살매　보리맥 맥맥　소경맹 맏맹 사나울맹 맹세할맹

<u>면</u> 免 面 勉 眠 綿 <u>멸</u> 滅 <u>명</u> 名 命 明 冥 鳴
면할면 낯면 힘쓸면 잠잘면 솜면　멸할멸　이름명 목숨명 밝을명 어두울명 울명

銘 <u>모</u> 毛 母 矛 某 募 模 暮 慕 貌 謀 <u>목</u> 木
새길명　털모 어미모 창모 아무모 뽑을모 법모 저물모 사모할모 모양모 꾀할모　나무목

目 沐 牧 睦 <u>몰</u> 沒 <u>몽</u> 夢 蒙 <u>묘</u> 卯 妙 苗 墓
눈 목 머리감을목 기를목 화목할목　빠질몰　꿈몽 어릴몽　토끼묘 묘할묘 싹묘 무덤묘

廟 <u>무</u> 戊 茂 武 務 無 貿 舞 霧 <u>묵</u> 墨 默 <u>문</u>
사당묘　천간무 무성할무 호반무 힘쓸무 없을무 무역할무 춤출무 안개무　먹묵 잠잠할묵

文 汶 門 問 聞 <u>물</u> 勿 物 <u>미</u> 未 米 尾 味 美
글월문 물이름문 문문 물을문 들을문　말물 만물물　아닐미 쌀미 꼬리미 맛미 아름다울미

眉 迷 微 <u>민</u> 民 敏 憫 <u>밀</u> 密 蜜
눈썹미 미혹할미 작을미　백성민 민첩할민 불쌍히여길민　빽빽할밀 꿀밀

ㅂ

<u>박</u> 朴 泊 拍 迫 博 薄 <u>반</u> 反 半 返 叛 班 般
순박할박 고요할박 칠박 핍박할박 너를박 엷을박　돌이킬반 반 반 돌아올반 배반할반 반렬반 일반반

盤 飯 <u>발</u> 拔 發 髮 <u>방</u> 方 妨 芳 防 邦 放 房
쟁반반 밥반　뺄발 필발 머리털발　모방 방해할방 꽃다울방 방비할방 나라방 놓을방 방방

倣 訪 傍 <u>배</u> 杯 背 拜 俳 配 倍 培 排 輩 <u>백</u>
본받을방 찾을방 곁방　잔배 등배 절배 광대배 짝배 곱배 북돋을배 물리칠배 무리배

白 百 伯 柏 <u>번</u> 番 煩 繁 飜 <u>벌</u> 伐 罰 <u>범</u> 凡
흰백 일백백 맏백 잣나무백　자례번 번거로울번 성할번 번역할번　칠벌 벌줄벌　범상할범

犯	汎	範	법	法	벽	壁	碧	변	辨	邊	辯	變	별
범할범	넓을범	법범		법법		벽벽	푸를벽		분별할변	변두리변	말잘할변	변할변	

別	병	丙	兵	竝	病	屏	보	步	保	報	普	補	譜
다를별		남녘병	군사병	아우를병	병들병	병풍병		걸을보	보전할보	고할보	넓을보	도울보	계보보

寶	복	卜	伏	服	復	腹	福	複	본	本	봉	奉	封
보배보		점칠복	엎드릴복	옷복	회복할복(부)배복	복복		겹칠복		근본본		받들봉	봉할봉

峯	逢	蜂	鳳	부	父	夫	付	否	扶	附	府	負	赴
봉우리봉	만날봉	벌봉	새봉		아비부	사내부	부칠부	아니부(비)	도울부	붙을부	마을부	질부	다다를부

浮	符	部	富	婦	膚	副	腐	賦	簿	북	北	분	分
뜰부	붙을부	나눌부	부자부	아내부	살갗부	버금부	썩을부	지을부	장부부		북녘북(배)		나눌분

奔	粉	紛	憤	墳	奮	불	不	弗	佛	拂	붕	朋	崩
달아날분	가루분	어지러울분	분할분	무덤분	떨칠분		아닐불	아니불	부처불	털불		벗붕	무너질붕

비	比	妃	批	肥	非	卑	祕	飛	悲	備	費	婢	碑
	견줄비	왕비비	비평할비	살찔비	아닐비	낮을비	숨길비	날비	슬플비	갖출비	비용비	계집종비	비석비

鼻	빈	貧	賓	頻	빙	氷	聘
코비		가난할빈	손빈	자주빈		얼음빙	청할빙

ㅅ

사	士	巳	四	司	史	仕	寺	死	似	沙	私	舍	社
	선비사	뱀사	넉사	맡을사	사기사	벼슬사	절사	죽을사	같을사	모래사	사사사	집사	모일사

使	邪	事	祀	思	師	射	蛇	捨	斜	詐	斯	査	絲
부릴사	간사할사	일사	제사사	생각할사	스승사	쏠사(야)	뱀사	버릴사	비낄사	속일사	이사	조사할사	실사

詞	寫	賜	謝	辭	삭	削	朔	산	山	產	散	算	酸
말씀사	베낄사	줄사	사례할사	말씀사		깎을삭	초하루삭		뫼산	낳을산	흩을산	셈할산	초산

살	殺	삼	三	森	상	上	床	尚	狀	相	桑	祥	常
	죽일살(쇄)		석삼	나무빽빽할삼		웃상	평상상	오히려상	형상상	서로상	뽕나무상	상서로울상	항상상

商	喪	象	想	詳	傷	像	裳	賞	嘗	償	霜	쌍	雙
장사상	잃을상	형상상	생각할상	자세할상	상할상	형상상	치마상	상줄상	맛볼상	갚을상	서리상		둘쌍

새	塞	색	色	索	생	生	서	西	序	書	徐	恕	庶
	변방새(색)		빛색	찾을색(삭)		날생		서녘서	차례서	글서	천천할서	용서할서	여럿서

敍	舒	婿	暑	署	緒	석	夕	石	析	昔	席	惜	釋
펼서	펼서	사위서	더위서	관청서	실마리서		저녁석	돌석	나눌석	엣석	자리석	아낄석	해석할석

선	先	仙	宣	旋	船	善	鮮	選	線	禪	설	舌	雪
	먼저선	신선선	베풀선	돌 선	배 선	착할선	생선선	가릴선	실 선	사양할선		혀 설	눈 설

設	説	섭	涉	성	成	性	姓	星	省	城	盛	聖	誠
베풀설	말씀설(세)		물건널섭		이룰성	성품성	성 성	별 성	살필성(생)	재 성	성할성	성스러울성	정성성

聖	세	世	洗	細	税	歲	勢	소	小	少	召	所	昭
소리 성		인간세	씻을세	가늘세	세금세	나이세	세력세		작을소	적을소	부를소	바 소	밝을소

笑	消	素	掃	訴	紹	疎	蔬	燒	蘇	騷	속	束	俗
웃을소	끌 소	흴 소	쓸 소	소송할소	이을소	성길소	나물소	불사를소	깨어날소	떠들소		묶을속	풍속속

速	粟	續	屬	손	孫	損	遜	송	松	送	訟	誦	頌
빠를속	식량속	이을속	붙을속(촉)		손자손	덜 손	순할손		소나무송	보낼송	소송할송	욀 송	칭송할송

쇄	刷	銷	쇠	衰	수	水	手	囚	守	收	秀	受	首
	박을쇄	쇠사슬쇄		쇠할쇠(최)		물 수	손 수	가둘수	지킬수	거둘수	빼어날수	받을수	머리수

帥	殊	修	授	須	愁	遂	睡	壽	誰	需	數	隨	樹
거느릴수	다를수	닦을수	줄 수	모름지기수	근심수	드디어수	잠잘수	목숨수	누구수	쓸 수	셀수(삭)	따를수	나무수

輸	雖	獸	숙	叔	孰	宿	淑	肅	熟	순	旬	巡	盾
보낼수	비록수	길짐승수		아재비숙	누구숙	잘 숙	맑을숙	엄숙할숙	익을숙		열흘순	순행할순	방패 순

殉	純	順	循	脣	舜	瞬	술	戌	述	術	숭	崇	습
따라죽을순	순수할순	순할순	좇을순	입술순	순임금순	눈깜적일순		개 술	베풀술	재주술		높을숭	

拾	習	濕	襲	승	升	丞	昇	承	乘	勝	僧	시	市
주을습(십)	익힐습	젖을습	엄습할습		되 승	이을승	오를승	이을승	탈 승	이길승	중 승		저자시

示	矢	侍	始	是	施	時	視	試	詩	씨	氏	식	式
보일시	화살시	모실시	비로소시	이 시	베풀시	때 시	볼 시	시험할시	시 시		성 씨		법 식

植	食	息	飾	識	신	申	辛	臣	伸	身	信	神	新
심을식	먹을식(사)	숨쉴식	꾸밀식	알식(지)		납 신	매울신	신하신	펼 신	몸 신	믿을신	귀신신	새 신

晨	愼	실	失	室	實	심	心	甚	深	尋	審	십	十
새벽신	삼갈신		잃을실	집 실	열매실		마음심	심할심	깊을심	찾을심	살필심		열 십

ㅇ

아	牙	我	兒	阿	芽	亞	雅	餓	악	岳	惡	안	安
	어금니아	나 아	아이아	언덕아	싹 아	버금아	맑을아	주릴아		큰산악	악할악		편안할안

岸	案	眼	雁	顔	알	謁	암	暗	巖	압	押	壓	앙
언덕안	책상안	눈 안	기러기안	얼굴안		아뢸알		어두울암	바위암		숨겨둘압	누를압	

央	仰	殃	애	哀	涯	愛	액	厄	液	額	야	也	夜
가운데앙	우러러볼앙	재앙앙		슬플애	물가애	사랑애		재앙액	진 액	이마액		잇기야	밤 야

遺 끼칠유　육 肉 고기육　育 기를육　윤 尹 다스릴윤　閏 윤달윤　潤 불을윤　은 恩 은혜은　銀 은 은　隱 숨을은　을 乙 새 을

음 吟 읊을음　音 소리음　淫 음란할음　陰 그늘음　飮 마실음　읍 泣 소리없어울읍　邑 고을읍　응 應 응할응　의 衣 옷 의　矣 어조사의

宜 마땅의　依 의지할의　意 뜻 의　義 옳을의　儀 거동의　疑 의심할의　醫 의원의　議 의논할의　이 二 두 이　已 이미이　以 써 이　而 말이을이　耳 귀 이

夷 오랑캐이　移 옮길이　異 다를이　貳 두 이　익 益 더할익　翼 날개익　인 人 사람인　刃 칼날인　仁 어질인　引 끌 인　因 인할인　印 도장인

忍 참을인　姻 혼인할인　寅 범 인　認 인정할인　일 一 한 일　日 날 일　壹 한 일　逸 잃을일　임 壬 천간임　任 맡길 임　賃 품팔이임　입 入 들 입

ㅈ

자 子 아들자　自 스스로자　字 글자 자　姉 맏누이자　玆 이 자　者 놈 자　刺 찌를자(척)　姿 맵시 자　恣 방자할자　紫 자주빛자　雌 암컷 자　資 재물자　慈 사랑자

작 作 지을작　昨 어제작　酌 잔질할작　爵 벼슬작　잔 殘 남을잔　잠 暫 잠깐잠　潛 잠길잠　蠶 누에 잠　잡 雜 섞일잡　장

丈 길 장　壯 장할장　長 긴 장　莊 씩씩할장　帳 휘장장　場 마당장　將 장수장　章 글 장　掌 손바닥장　葬 장사지낼장　粧 단장할장　張 베풀장　裝 꾸밀 장　腸 창자장

障 막을장　獎 권장할장　墻 담 장　藏 감출장　臟 오장장　재 才 재주재　再 두 재　在 있을재　材 재목재　災 재앙재　哉 어조사재　財 재물재　栽 심을재

裁 마를재　載 심을재　쟁 爭 다툴쟁　저 低 낮을저　抵 막을저　底 밑 저　著 나타날저(착)　貯 쌓을저　적 赤 붉을적　的 과녁 적　寂 고요할적

賊 도둑적　跡 발자취적　摘 딸 적　敵 원수적　適 맞을적　滴 물방울적　積 쌓을적　績 길쌈적　蹟 자취 적　籍 호적 적　전 田 밭 전　全 온전할전　典 법 전

前 앞 전　展 펼 전　專 오로지전　電 번개전　傳 전할전　戰 싸움전　錢 돈 전　轉 구를전　절 切 끊을절　折 꺾을절　絶 끊을절　節 마디 절　점

占 점칠점　店 가게점　漸 차차점　點 점 점　접 接 맞을접　蝶 나비접　정 丁 고무래정　井 우물정　正 바를정　廷 조정정　定 정할정　征 칠 정

政 정사정　亭 정자정　貞 곧을정　訂 바로잡을정　頂 정수리정　停 머무를정　庭 뜰 정　情 뜻 정　淨 깨끗할정　程 법 정　精 정할정　鄭 나라이름정　整 정돈할정　靜 고요정

제 弟 아우제　制 지을제　帝 임금제　除 제할제　祭 제사제　第 차례제　提 들 제　堤 둑 제　製 지을제　際 사귈제　齊 가지런할제　諸 모두제　題 제목제

| 濟 구제할제 | [조] 弔 조상할조 | 早 이를조 | 兆 억조조 | 助 도울조 | 祖 할아비조 | 租 세금조 | 曹 마을조 | 鳥 새조 | 條 가지조 | 造 지을조 | 組 짤조 | 朝 아침조 |

照 비칠조 · 調 고를조 · 潮 조수조 · 操 지조조 · 燥 잡을조 · [족] 足 발족 · 族 겨레족 · [존] 存 있을존 · 尊 높을존 · [졸] 卒 군사졸 · 拙 옹졸할졸

[종] 宗 마루종 · 從 좇을종 · 終 마칠종 · 種 씨종 · 縱 세로종 · 鐘 쇠북종 · [좌] 左 왼쪽좌 · 坐 앉을좌 · 佐 도울좌 · 座 자리좌 · [죄] 罪 허물죄

[주] 主 주인주 · 朱 붉을주 · 舟 배주 · 州 고을주 · 走 달아날주 · 住 머무를주 · 周 두루주 · 注 물댈주 · 宙 집주 · 柱 기둥주 · 洲 물가주 · 株 그루주 · 酒 술주

晝 낮주 · [죽] 竹 대죽 · [준] 准 평평할준 · 俊 준걸준 · 準 법도준 · 遵 따라갈준 · [중] 中 가운데중 · 仲 버금중 · 重 무거울중 · 衆 무리중 · [즉]

卽 곧즉 · [증] 症 병세증 · 曾 일찍증 · 蒸 찔·증기증 · 增 더할증 · 憎 미워할증 · 贈 줄증 · 證 증거증 · [지] 之 갈지 · 止 그칠지 · 支 지탱할지 · 只 다만지

至 이를지 · 地 땅지 · 池 못지 · 志 뜻지 · 知 알지 · 枝 가지지 · 持 가질지 · 指 손가락지 · 紙 종이지 · 智 지혜지 · 誌 기록할지 · 遲 더딜지 · [직] 直 곧을직

職 벼슬직 · 織 짤직 · [진] 辰 별진(신) · 珍 보배진 · 振 떨칠진 · 眞 참진 · 陣 벌일진 · 陳 베풀진 · 進 나아갈진 · 盡 다할진 · 鎭 진압할진 · [질] 姪 조카질

秩 차례질 · 疾 병질 · 質 바탕질(지) · [집] 執 잡을집 · 集 모을집 · [징] 徵 부를징 · 懲 징계할징

ㅊ

[차] 且 또차 · 次 버금차 · 此 이차 · 借 빌릴차 · 差 어긋날차 · [착] 捉 잡을착 · 着 붙을착 · 錯 그를착(조) · [찬] 贊 찬성할찬 · 讚 칭찬할찬 · [찰]

察 살필찰 · [참] 參 참여할참(삼) · 慘 슬플참 · 慙 부끄러울참 · [창] 昌 창성할창 · 倉 창고창 · 唱 노래부를창 · 窓 창창 · 創 다칠창 · 蒼 푸를창 · 滄 바다창 · 暢 화창할창

[채] 菜 나물채 · 採 캘채 · 彩 무늬채 · 債 빚질채 · [책] 冊 책책 · 責 꾸짖을책 · 策 꾀책 · [처] 妻 아내처 · 悽 슬플처 · 處 곳처 · [척]

斥 내칠척 · 尺 자척 · 拓 넓힐척(탁) · 戚 친척척 · [천] 千 일천천 · 川 내천 · 天 하늘천 · 泉 샘천 · 淺 얕을천 · 遷 옮길천 · 薦 드릴천 · 踐 밟을천 · 賤 천할천

[철] 哲 밝을철 · 綴 잇대철 · 徹 관철할철 · 轍 바퀴자국철 · 鐵 쇠철 · [첨] 尖 뾰족할첨 · 添 더할첨 · [첩] 妾 첩첩 · [청] 靑 푸를청 · 淸 맑을정

晴 갤청 · 請 청할청 · 聽 들을청 · 廳 관청마루청 · [체] 替 바꿀체 · 遞 우체체 · 體 몸체 · [초] 肖 같을초 · 抄 베낄초 · 初 처음초 · 招 부를초 · 草 풀초

秒 超 礎 [촉] 促 燭 觸 [촌] 寸 村 [총] 銃 聰 總
초침 초 뛰어넘을초 주춧돌초 재촉할촉 촛불촉 닿을촉 마디촌 마을촌 총 총 귀밝을총 거느릴총

最 催 [추] 抽 秋 追 推 醜 [축] 丑 祝 畜 逐 蓄 築
가장최 재촉할최 뽑을추 가을추 쫓을추 밀추(퇴) 추할추 소 축 빌 축 가축 축 쫓을축 저축할축 쌓을축

縮 [춘] 春 [출] 出 [충] 充 忠 衝 蟲 [취] 吹 取 臭 就
줄 축 봄춘 날 출 채울충 충성충 찌를충 벌레충 불 취 취할취 냄새취 이룰취

醉 趣 [측] 側 測 [층] 層 [치] 治 致 恥 値 置 稚 齒
취할취 취미취 곁 측 측량할측 층 층 다스릴치 이를치 부끄러울치 값 치 둘 치 어릴치 이 치

[칙] 則 [친] 親 [칠] 七 漆 [침] 沈 枕 侵 針 浸 寢 [칭] 稱
법칙(즉) 친할친 일곱칠 옷칠할칠 잠길침 베개침 범할침 바늘침 적실침 잠잘침 일컬을칭

ㅋ

快
쾌할쾌

ㅌ

[타] 他 打 妥 墮 [탁] 托 琢 濁 濯 [탄] 炭 彈 歎 [탈]
다를타 칠 타 타협할타 떨어질타 밀칠동냥할탁 쫄다듬을탁 흐릴탁 빨 탁 숯 탄 탄환·퉁길탄 탄식할탄

脫 奪 [탐] 探 貪 [탑] 塔 [탕] 湯 [태] 太 殆 怠 泰 態
벗을탈 빼앗을탈 찾을탐 탐낼탐 탑 탑 끓일탕 클태콩태 위태로울태 게으를태 클태 모양태

[택] 宅 澤 擇 [토] 土 吐 兎 討 [통] 通 統 痛 [퇴] 退
집택(댁) 못 택 가릴택 흙 토 토할토 토끼토 칠 토 통할통 거느릴통 아플통 물러날퇴

[투] 投 透 鬪 [특] 特
던질투 통할투 싸울투 특별할특

ㅍ

[파] 波 派 破 頗 播 罷 [판] 判 板 版 販 [팔] 八 [패]
물결파 갈래파 깨뜨릴파 치우칠파 뿌릴파 파할파 판단할판 널 판 조각판 팔 판 여덟팔

貝 敗 [편] 片 便 遍 篇 編 [평] 平 坪 評 [폐] 肺 閉
조개패 패할패 조각편 편할편 두루편 책 편 엮을편 평평할평 평수평 평론할평 허파폐 닫을폐

幣 弊 蔽 廢 [포] 布 包 抱 胞 浦 捕 飽 暴 [폭] 幅
화폐폐 폐단폐 가릴폐 폐할폐 베 포 쌀 포 안을포 태 포 물가포 잡을포 배부를포 사나울포(폭) 넓이폭

爆	표	表	票	漂	標	품	品	풍	風	楓	豊	피	皮
폭발할폭		거죽표	표표	뜰표	표할표		물건품		바람풍	단풍나무풍	풍년풍		가죽피

彼	被	疲	避	필	匹	必	畢	筆
저 피	입을피	고달플피	피할피		짝필(목)	반드시필	마칠필	붓 필

ㅎ

하	下	何	河	荷	夏	賀	학	學	鶴	한	汗	旱	恨
	아래하	어찌하	물 하	멜하	여름하	하례할하		배울학	학학		땀 한	가물한	원한한

限	寒	閑	漢	韓	할	割	함	含	咸	函	陷	艦	합
한정한	찰 한	한가할한	한수한	나라한		나눌할		머금을함	다 함	상자함	빠질함	싸움배함	

合	항	抗	恒	巷	航	項	港	해	亥	害	海	奚	解
합할합		항거할항	항상항	거리항	배로물건널항	목 항	항구항		돼지해	해칠해	바다해	어찌해	풀 해

該	핵	核	행	行	幸	향	向	享	香	鄕	響	허	許
해당할해		씨 핵		갈행(항)	다행 행		향할향	누릴향	향기향	고을향	울릴향		허락할허

虛	헌	軒	憲	獻	험	險	驗	혁	革	현	玄	現	弦
빌 허		추녀끝헌	법 헌	드릴헌		험할험	시험할험		가죽혁		검을현	나타날현	활시위현

絃	賢	縣	懸	顯	혈	穴	血	협	協	脅	형	兄	刑
악기줄현	어질현	고을현	매달현	나타날현		구멍혈	피 혈		도울협	갈비협		맏 형	형벌형

亨	形	螢	혜	兮	惠	慧	호	戶	互	乎	好	虎	呼
형통할형	얼굴형	반딧불형		어조사혜	은혜혜	지혜혜		집 호	서로호	어조사호	좋을호	범 호	부를호

胡	浩	毫	湖	豪	號	護	혹	或	惑	혼	昏	婚	混
오랑캐호	넓고클호	터럭호	호수호	호걸호	부를호	보호할호		혹 혹	의혹혹		어두울혼	혼인할혼	섞을혼

魂	홀	忽	홍	弘	洪	紅	鴻	화	火	化	禾	花	和
넋 혼		홀연홀		클 홍	넓을홍	붉을홍	큰기러기홍		불 화	될 화	벼 화	꽃 화	화할화

畫	話	華	貨	禍	확	確	擴	穫	환	丸	患	換	環
그림화(획)	이야기화	빛날화	재물화	재화화		확실할확	늘릴확	곡식거둘확		알 환	근심환	바꿀환	둘레환

환	還	歡	활	活	황	況	荒	皇	黃	회	回	灰	悔
	돌아올환	기뻐할환		살 활		하물며황	거칠황	임금황	누를황		돌아올회	재 회	뉘우칠회

會	懷	획	劃	獲	횡	橫	효	孝	效	曉	후	侯	候
모을회	품을회		그을획	얻을획		가로횡		효도효	본받을효	새벽효		제후후	날씨후

喉	厚	後	嗅	훈	訓	훼	毀	휘	揮	輝	휴	休	携	흉
목구멍후	두터울후	뒤 후	냄새맡을후		가르칠훈		헐 훼		휘두를휘	빛날휘		쉴 휴	가질·이끌휴	

凶	胸	흑	黑	흡	吸	흥	興	희	希	稀	喜	熙	噫	戲
흉할흉	가슴흉		검을흑		숨들이쉴흡		일어날흥		바랄희	드물희	기쁠희	빛날희	느낄희(애)	희롱할희